AF290772

Praktische Ratschläge für Haltung, Pflege
und Erziehung – Jörg R. Breuking
1. Auflage Hagen 2001
ISBN 3 – 89811 – 472 - 4

Gesamtherstellung: Books On Demand, Hamburg
Layout: Volker Grothe, Hagen
Titelfoto: Foto Dücker, Hagen
Printed in Germany

Jörg R. Breuking

" Fritz und Co."

Freunde auf vier Pfoten

Tips und Erfahrungsberichte für Hundekäufer

Jörg R. Breuking
" Fritz und Co" Freunde auf vier Pfoten
Tips und Erfahrungsberichte für Hundekäufer

Für meinen besten Freund *Fritz* ,
der mir in allen Lebenslagen
die Treue hält.

Auf Erden gibt es keinen Besseren!

„Wer Gott gehorcht, kümmert sich um das Wohl seiner Tiere, wer Gott mißachtet, hat kein Herz für sie." (Sprichwörter 12, 10)
Ein Bibelspruch in einem Hunderatgeber. Sicherlich eine ungewöhnliche Einführung in die Thematik *Hundekauf*. Doch zeigt nicht gerade der Spruch, daß dem Menschen von Anfang an die Pflege und der Schutz der Schöpfung an das Herz gelegt ist ?
Haben wir uns daran gehalten ?
Sind wir tatsächlich schützend und schonend mit unserem Mitgeschöpfen, in diesem Falle dem Hund, umgegangen. Selbst der größte Ignorant muß zugeben, daß gerade der beste Freund des Menschens – Partner Hund – zu den besonders gequälten und ausgebeuteten Tieren gehört.
Mit diesem Ratgeber will ich Ihnen, lieber Leser, eine Möglichkeit schaffen, etwas von dem Hundeelend auf dieser Welt von vorne herein zu verhindern. Der Hundekauf sollte gut überlegt sein. Züchter und Rasse sollten vorsichtig und prüfend ausgesucht werden. Viel zu schnell ist man als unkundiger Käufer, einem Massezüchter oder Hundehändler auf dem Leim gegangen. Spätestens dann merkt man, daß ein billig erworbener Hund im Endeffekt der Teuere sein wird.
Tierärzte können ein Lied davon singen, wie viel Hundekrankheiten und Hundeelend durch Massenzuchtanstalten sowie dubiose Hundehändler verursacht, die Arztpraxen füllen. Dabei kommt es häufig vor, daß ein von Anfang an krankes Tier nur einige Monate überlebt oder eingeschläfert werden muß.
Durch gute Information und Beratung in Sachen Hundekauf können Sie solche unschönen Erfahrungen vermeiden. Dabei sollten Sie bedenken, daß Ihr Partner Hund aus einer seriösen Zucht, viele lange Jahre bei Ihnen bleiben wird.
Meine Erfahrungen und Tips sollen Ihnen helfen, ein Hundeleben lang Freude an Ihrem Hund, Freund und Partner zu haben.
Zur Zeit bellen ca. 5 Millionen Hunde in unserem Land. Dabei sind viele sicher mit Ihrem Besitzer nicht glücklich. Falsche Erwartungen

gegenüber dem Hund, aber auch Unkundigkeit in Sachen Hundeerziehung, machen Hund und Halter das Zusammenleben schwer. Zu guter (schlechter) Letzt, wird der Hund in ein Tierheim abgeschoben oder noch schlimmer, einfach ausgesetzt.

Lassen Sie es nicht soweit kommen. In diesem Buch will ich gerade dem Hundeanfänger zeigen, daß jeder Hund, genau wie mein Freund *Fritz*, der beste Freund seines Menschen werden kann.

Verantwortung tragen, zum Schutze der Schöpfung, sollte für jeden Hundeinteressenten absolute Priorität haben.

Ich wünsche Ihnen, daß Sie soviel Freude mit Ihrem Hund haben wie ich mit meinen Fritz." *Mein Freund auf vier Pfoten.* "

A, wie Anschaffung

Sie wollen einen Hund anschaffen – und schon fangen die Probleme
an!
Was für ein Hund soll es denn sein ?
Welcher Hund paßt zu mir?
Möchte ich lieber einen kleinen, zärtlichen Knuddelhund oder einen
robusten Spielkameraden für die Kinder ?
Einen Kamerad zum wandern oder bin ich nicht so gut zu Fuß ?
Soll er groß oder klein sein ?
Langhaarig, oder kurzhaarig – oder vielleicht lieber ganz ohne
Haare ?
Wie viel Platz und Zeit habe ich überhaupt für solch ein Tier ?
Ist die Versorgung gewährleistet ? Denn Ernährung, Hundesteuer,
Tierarzt – alles hat seinen Preis.
Bin ich bereit 10 – 15 Jahre Verantwortung für ein Tier zu überneh-
men ?
Was sagt der" Rest" der Familie dazu ?
Wo bleibt Partner Hund in der Urlaubszeit ?
Fragen über Fragen.
Verantwortung über 24 Stunden, jede Woche, jeden Monat, all die
Jahre.

Will ich nun immer noch einen Hund ?
Wenn ja, dann können Sie nun diesen kleinen Ratgeber weiterlesen !

**Aber Stop – Sie sollen doch nun auch wissen wie ich, der Autor,"
auf den Hund" gekommen bin.**
Es ist inzwischen allgemein bekannt, daß Hunde für uns Menschen
„gesundheitsfördernd" sind. Aber ich war ja gesund – glaubte ich
zumindest. Mit 38 Jahren macht man sich noch keine Sorgen,
solange nichts weh tut. Ich saß im Büro und saß, saß, saß...
Zu Hause ausruhen, ein Arbeitstag ist schließlich stressig und saß
und saß. Zur Entspannung ein oder zwei Bierchen – und saß und saß.

Die Waage zeigte inzwischen 120 kg an und ich war eigentlich immer müde. Ein bißchen Brustenge und Magendrücken, na daß hat ja jeder einmal. Als ich dann jeden Abend noch vor unseren kleinen Kindern auf dem Sofa einschlief, wurde ich doch aufmerksam. Doch die Krönung war, daß unser Ältester, zu diesem Zeitpunkt drei Jahre alt, nicht davon abzubringen war, daß ich seinen Lieblingsfußball verschluckt haben mußte. Nur eine sofort eingeleitete Suchaktion in allen Räumen und das Auffinden des Balles machte ihm glaubhaft, daß bei Papa im Bauch nun tatsächlich kein Fußball war. " Dann kriegt Papa ein Baby, dann kriegt Papa ein Baby." -„ Oh weh," schoß es mir durch den Kopf, jetzt muß etwas passieren. Meine Ehefrau Christiane, eigentlich sehr verständnisvoll, bestätigte mir schon lange, daß bei mir nicht mehr alles ganz „normal" sein konnte. Aus ihrem liebevollen Kosenamen „Möpschen" war schon lange ein „Dickmops" geworden.

Also auf zum Hausarzt. Das Ergebnis war schockierend. Blutwerte – nicht messbar. Statt gesundes Blut in den Adern, ein dicker, fetter, träger Brei. Innen wie außen, an mir war alles dick, fett und träge.
Mein Hausarzt beglückwünschte mich, daß ich überhaupt noch am Leben war und ordnete umgehend eine Infusion an. Tja und dann kam der für mich lebensverändernde Satz: „Wenn Sie schon nicht freiwillig von Ihrem Sofa kommen, dann schaffen Sie sich doch wenigstens einen Hund an!" Der Arzt drückte mir die Hand und sah wirklich sehr besorgt aus. Auf dem Heimweg schossen mir etliche Gedanken durch den Kopf. Schlaganfall, Herzinfarkt, meine Frau mit einem schlanken, anderen Mann, zu dem meine Kinder dann Papa sagen würden.

Ein Hund mußte her – und zwar sofort !

Und nun bin ich an dem Punkt, an dem Sie jetzt stehen. Woher nehme ich einen Hund ?
Es war für meine Frau und mich sofort klar, daß es ein Familienhund sein mußte. Wir haben schließlich Kinder. Auch die Erinnerung an

unsere Kinderzeit und" Lassie" wurden herausgekramt. Der kleine
Timmy umarmt seine „Lassie". Dieses Bild ist sicher vielen Lesern
noch gut bekannt. Zu diesem Zeitpunkt hatte ich keine Ahnung von
Hunden. Das sollte sich schnell ändern.

Ein Familienhund sollte es sein. Wir erinnerten uns an Lassie.

<u>B, wie Beratung</u>

Die Entscheidung ist gefallen, ein Hund soll ins Haus ! Doch woher nehmen und nicht stehlen ? Vielleicht einen lustigen und pfiffigen Mischling aus dem Tierheim ? Der kostet meist nicht viel. Wenn alles gut geht, ist er sehr dankbar ein neues Heim gefunden zu haben. Das Tierheimpersonal kann Ihnen sicher auch einiges über die Eigenarten der meisten" Heiminsassen" sagen.- Ach so,- Sie wollen lieber einen Welpen von edeler Rasse ?

Golden Redriever
Hündin
mit ihrem rassigen
Nachwuchs

Einen wuscheligen Familienhund, der von Anfang an Ihre Familie kennen lernt ? Dann also – auf zum Züchter.
Aber Vorsicht !
Nicht jeder, der sich Züchter nennt, ist auch wirklich empfehlenswert. Meiden Sie grundsätzlich Massenzüchter. Hundezucht ist teuer und zeitaufwendig.

12

Wenn ein Züchter drei, vier oder noch mehr Rassen anbietet, kann er sich nicht ausreichend um seine Tiere kümmern.
Massenzüchter hängen sich meistens an jede Modewelle, um eine schnelle Mark zu machen.

Beim Fressen von der Müdigkeit überwältigt

Fragen Sie immer nach der Mutterhündin. Lassen Sie sich nicht beirren, wenn Ihnen der „Züchter" sagt, das diese gerade nicht anwesend ist. Kommen Sie lieber noch einmal wieder oder sehen Sie sich andere Züchter an. Gut ist es auch, wenn der Vaterrüde anzusehen ist. Allerdings ist das nicht immer der Fall, aber Sie sollten genau erfragen, wer dieser ist. Lassen Sie sich die Ahnentafel der Mutter zeigen. Diese ist ein wichtiges Indiz, um bei hochgewachsenen Rassen den Gesundheitszustand der Hüftgelenke festzustellen. Auch die Zuchttauglichkeit muß eingetragen sein. Ein guter Züchter hat nichts zu verbergen und läßt Sie auch die Zuchtstätten sehen.
<u>Kaufen Sie nie aus Mitleid.</u> Jeder verkaufte Welpe bei unseriösen Züchtern, regt diese nur zur weiteren Massenproduktion an.

Verlassen Sie sich nicht ausschließlich auf die Züchterempfehlung diverser Vereine. Diese können Ihnen zwar einige Züchter benennen, aber auch innerhalb dieser Vereine gibt es schwarze Schafe. Also immer genau ansehen.

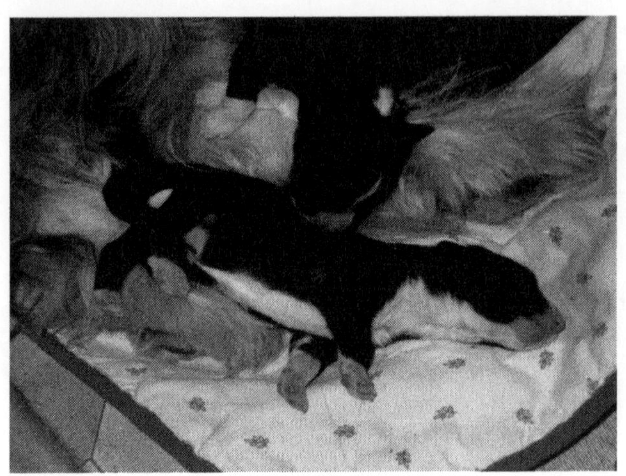

Drei Tage alte Welpen.

Ich selbst züchte im *Internationalen Rassehunde Verband e.V.* (IRV). Für mich ist dieser Verein zur großen Hilfe geworden. Ob auf Ausstellungen oder bei Problemen: Es ist immer jemand da, der ein offenes Ohr hat. Auch der Gemeinschaftssinn ist mir dort positiv aufgefallen. Was ich aber für besonders vorbildlich halte ist, daß durch das Kupierverbot für Hunde keine kupierten Tiere ausgestellt werden dürfen. Egal, ob legal im Ausland kupiert oder ob ein ausländisches Tier vorgestellt wird: Kupierte Hunde werden abgewiesen. Zu diesem Verein gibt es noch viel Positives zu sagen. Wenn Sie Fragen, den Verein betreffend, haben oder auch spezielle "Hundefachfragen", wenden Sie sich direkt an die Geschäftsstelle in Löhne. Die Adresse finden Sie im Adressenverzeichnis, im Anhang, dieses Buches.

Sie haben also einen Züchter gefunden, der Ihnen sympathisch ist und der den vorigen Anforderungen entspricht. Beobachten Sie nun die Mutterhündin. Wenn sie ihren Welpen gegenüber aggressiv ist, besser Finger weg vom Kauf und weitersuchen. Auch sollten Sie, nach einiger Zeit des Kennenlernens, Ihnen gegenüber aufgeschlossen sein. Wie begrüßen die Welpen den Züchter ? Verkriechen sie sich in alle Ecken und Winkeln oder begrüßen sie ihn neugierig und sind auch Ihnen gegenüber fröhlich und verspielt. Wenn die Welpen gut sozialisiert sind, d.h. sie wurden in der Prägungszeit an den Menschen gewöhnt, werden sie den Züchter und auch Sie freudig und neugierig begrüßen.

Auch bei Wind und Wetter, gehört ein Ausflug zum Tagesablauf eines jeden Hundehalters.

Die Kleinen sollten auch schon die menschliche Wohnung kennengelernt haben. Denn der Staubsauger, die Toilettenspülung usw. können einen Welpen sonst ganz schön erschrecken.

Bei mir als *Bearded Collie* – Züchter fahren die Welpen auch Auto.

Früh übt sich wer ein echter Autofahrer werden will.

Nun sollen Sie auch erfahren, wie es mit meiner Beratung im Hinblick auf schnellstmögliche Hundeanschaffung bestellt war. Da ich ja nun sofort einen Hund haben wollte, um endlich mein überflüssiges Gewicht loszuwerden, gingen wir also ins Tierheim. Geplant war ein nicht so großer Familienstruppi, mindestens so schlau wie Kommissar Rex, und natürlich absolut wohlerzogen wie Lassie – Illusionen, denen jeder Hundekäufer ohne entsprechende Kenntnisse (dieses Buch gab es damals noch nicht) schnell verfallen kann. Daß zuvor harte Erziehungsarbeit mit Partner Hund ansteht, davon wusste ich nicht viel. Das ist sicher auch ein wichtiger Grund, warum das Tierheim reichlich mit herrenlosen Hunden bevölkert war und bekanntlich noch ist. Sicherlich saßen einige geplatzte Illusionen hinter den Gitterstäben. Aber eine davon suchte ich aus.

16

Da lag er nun, groß, grau, mit traurigen Augen, hinten viel Fell, vorne auf modischen Igelschnitt geschoren. „Das ist mein Freund Papa," sagte Marcel, unser Ältester. „Wie heißt denn der gräuliche Hund." Über dem Käfig steckte eine Karte.

Name: Fritz, Rasse: *Bearded Collie*, Abgabegrund: Haarallergie.

Aus dem Tierheim, der erste Tag im Neuen Zuhause. „Fritz"

„Das ist *Fritz*," gab ich Marcel zur Antwort und blickte respektvoll auf die großen, ganz großen, riesigen weißen Zähne des Strubbels. Ich hatte es noch nicht ausgesprochen, schon streckte mein Sohn die Hand durch das Gitter und kraulte *Fritz* hinter seinem Ohr. Mir stand der Schweiß auf der Stirn. Doch da sah ich, wie sich ganz, ganz langsam die weiße Schwanzspitze des Hundes in Bewegung setzte. Ganz eng drückte er sich an die Gitterstäbe und sah mich bittend an. „Papa, *Fritz* ist mein bester Freund. Den will ich haben !"
Das Tierheim verkaufte uns eine Leine, kassierte die Schutzgebühr und teilte uns mit, das *Fritz* nur eineinhalb Tage im Heim gewesen sei. Dazu drückte man uns noch diverse Papiere in die Hand. Ein Zettel vom Vorbesitzer versicherte, das *Fritz* sehr lieb und gehorsam sei und auf: *Fuß, Platz* und *Sitz* reagiert. Da kann ja kaum noch etwas schief gehen. Jetzt waren wir ja bestens über einen Bearded Collie informiert. Daß *Fritz* ein Hund von edelster Rasse ist und einmal ein

großer Champion werden sollte, damit hatten wir zu diesem Zeitpunkt noch nicht gerechnet.

<u>**C, wie Collie**</u>

Wie Sie schon gelesen haben, hatte ich einen *Bearded Collie* ausgesucht. („Bearded" sprich bierdit = bärtig). Das sind Britische Hütehunde, wie auch der Collie, Border – Collie, Sheltie usw. Für mich sind meine *Beardies* die idealen Familienhunde. Sie sind lernbegierig, aufmerksam, verspielt und haben ein fröhliches, liebenswertes Wesen ohne übertriebene Schärfe. Ein Hund, der nichts für bequeme Menschen ist.
Er möchte spielen, spazieren gehen und – ganz wichtig – zu seinem Menschen gehören. Für die Zwingerhaltung sind diese Hunde gänzlich ungeeignet.

Rast bei einer
Zünftigen Wanderung.
Auch mein Herrchen
braucht mal ne' Pause.

<u>**D, wie Dominanz**</u>

Es gibt sehr dominante Hunde. Dominant schon durch das Erscheinungsbild, oder auch übermäßig dominant durch zu nachlässige Erziehung. Schon als Welpe ist der Charakter des zukünftigen Hausgenossen festzustellen. Schauen Sie sich das kleine Völkchen an. Sehen Sie den kleinen Kecken, der seine Geschwister am Futternapf anknurrt ? Oder falls die Hunde noch jünger sind, sehen Sie den Frechdachs bei der Mutterhündin, der sich immer die dickste Zitze erobert und seine Geschwister energisch verdrängt ? Alle diese Eigenschaften zeigen, daß es sich dabei um ein dominantes Tier handelt. Diese kleinen aufsässigen Kerlchen brauchen eine feste Hand. Konsequente, gerechte Erziehung, viel Geduld und Liebe sollten Sie, falls Sie sich für so einen Welpen entscheiden, aufbringen. Entscheiden Sie sich nur für solch ein Tier, wenn Sie hundeerfahren sind, oder aber über ein durchsetzungsstarkes Wesen verfügen. Dieser kleine Kerl wird „verbissen" seinen Fressnapf, Knochen, Spielzeug usw. verteidigen, wenn Sie es wegnehmen wollen. Er wird Sie anknurren, wenn Sie auf seinem Lieblingssessel Platz nehmen wollen. Jedesmal, wenn Sie so etwas durchgehen lassen, sei es, weil dieses Verhalten als Welpe doch so niedlich aussieht, oder auch weil Sie Angst vor den nadelspitzen Zähnchen haben, sammelt der Frechdachs Pluspunkte.
In kürzester Zeit bestimmt er dann über Ihr Leben und Sie haben als Rudelführer verloren. Lassen Sie es nicht so weit kommen. Verbieten Sie grundsätzlich alles, was Sie ihrem Hund als ausgewachsenes Tier auch nicht erlauben würden. Konsequenz, von Anfang an, ist absolut erforderlich. Sie ziehen sich sonst einen unerträglichen Quälgeist groß, der vielleicht sogar einmal zubeißt, wenn er seinen Willen nicht kriegt.

Schon junge Welpen lassen eine gewisse Dominanz erkennen.

Wie war das also mit *Fritz* ? Er war so ein „großgezogener Quälgeist".

Eigentlich hieß er ja laut Ahnentafel „*Uskan vom Farchauer Forst*". Aber ganz am Anfang war von Adel oder Champion nichts zu sehen. Jeden Knochen, jeden Futternapf verteidigte er verbissen. Beim Spaziergang wollte er nie dem Weg folgen, den ich aussuchte. Lederhalsband, Erziehungshalsband – an der Leine gebärdete er sich wie toll. Meine Frau konnte ihn kaum bändigen. Fritz war auch schon eineinhalb Jahre alt und hatte eine gehörige Portion Kraft. Er fühlte sich zum Rudelführer geboren. Mich als Familienoberhaupt akzeptierte er zum größten Teil, aber bei meiner Frau machte er riesige Schwierigkeiten. Das Kinderbett hatte er eines Tages zu seinem Lieblingsplatz auserkoren und verteidigte es zähnefletschend. So ging es nicht weiter. Wir beschlossen eine Hundeausbildung zu machen.

Der erste Schritt zum Erfolg !

E, wie ehrlich Erziehung

Ein Hund ist von Natur aus immer ehrlich. Seien Sie auch zu Ihrem Hund ehrlich. Er merkt es sowieso an Ihrem veränderten Körpergeruch, wenn Sie ihn ablehnen oder Angst vor ihm haben. Ein Hund ist nur das, was sein Frauchen oder Herrchen aus ihm macht. Sie können schöne Zeiten mit Ihrem Hund, Freund und Partner erleben, ein Hundeleben lang. Oder Sie verzweifeln eines Tages und geben Ihrem Hund die Schuld dafür, daß er Eigenarten entwickelt hat, die Sie nicht leiden können. Seien Sie auch dann ehrlich. Er hat diese Eigenarten nur entwickeln können, weil Sie ihm die Möglichkeit dazu gegeben haben.

Wenn Sie Ihren Hund auf Grund der fehlgeleiteten Erziehung nur ausschimpfen, schlagen, aussperren oder gar treten, glauben Sie mir, dann werden Sie keine Freude an Ihrem Hund haben. Nichts ist schlimmer anzusehen als einen Hund, der mit geduckter Haltung und eingezogener Rute auf sein Frauchen oder Herrchen zurobbt. Behandeln Sie Ihren Hund ehrlich, im wahrsten Sinne des Wortes. Lesen Sie Bücher über Hundeerziehung oder besuchen Sie eine gute Hundeschule. Im Abschnitt **L wie Lernen** habe ich verschiedene wichtige Kommandos beschrieben und erklärt, wie Sie diese Ihrem Hund beibringen können. Ihr Hund und Sie sollen eine Chance haben, miteinander zu leben. Lassen Sie Ihre Illusionen nicht platzen. Hunde sind wissbegierig und lernen gerne. Ihr Hund wird es Ihnen danken. Sie werden ein Hundeleben lang Freude und Spaß mit einander haben.

Für *Fritz* und mich war die Hundeschule der Beginn einer großen Freundschaft und steilen Hundekarriere. *Fritz* lernte schnell und gern. Er bestand nach einem dreiviertel Jahr die Begleithundprüfung und anschließend erhielt er das Leistungsabzeichen in Bronze.

Mit mir muß man schon eine Engelsgeduld haben. Aber sehe ich denn wie eine kleine Nervensäge aus.

Der Familienfriede war gerettet. *Fritz* weiß heute, was sich gehört, und benimmt sich wirklich vorbildlich. Es war harte Arbeit, hartes Training - nicht nur für *Fritz*. Oh nein, auch ich mußte lernen, einen Hund zu erziehen und zu führen. Ich mußte lernen, konsequent zu sein, und vor allen Dingen lernen zu loben. Mit einem Lob zur rechten Zeit, erreicht man viel mehr, als mit Schimpfe und Tadel. Der Hund bleibt dann gerne „bei der Stange" und es kostet Sie selbst nur halb soviel Nerven. *Fritz* liebt sein Menschenrudel, und wir lieben *Fritz.* Er ist ein herrlicher Spielkamerad für die Kinder, ein ruhiger und wohlerzogener Begleiter für meine Frau und für mich der beste Freund und Partner. So ganz nebenbei verlor ich 16 Kilo Gewicht. Ich bin zwar jetzt nicht schlank, aber schlanker und vor allen Dingen gesund. Regelmäßig beim Spaziergang lege ich kleine Übungs- minuten ein. *Bei Fuß gehen* mit und ohne Leine; *Sitz, Platz* und *Bleib.* So bleiben *Fritz* und auch ich in Übung und es kommen keinerlei Rangeleien um den „Chefplatz" auf. Ein so dominantes Tier, wie *Fritz* braucht eine konsequente Erziehung. Er braucht die regelmäßigen Wiederholungen. Versuchen Sie es - der Erfolg läßt nicht lange auf sich warten.

Es dauerte auch nicht lange, bis das Haarkleid unseres *Fritz* wieder rich-tig prächtig entwickelt war. Da stand er nun, in strahlender Schön-heit. Charakterfest, wesensstark und wohlerzogen. Ein Bekannter riet mir: „Du mußt Fritz unbedingt ausstellen ! Er ist wirklich etwas besonderes." Aber davon nachher mehr.

F, wie Futter

Die richtige Ernährung, vom Welpen an, ist Voraussetzung für Gesundheit und Leistungsfähigkeit bis ins hohe Alter.

Welche Nahrung zu welcher Zeit, für Welpen, Junghunde, erwachsene Hunde und alte Tiere geeignet ist, ist sozusagen eine Standardfrage.

In den ersten drei bis vier Lebenswochen versorgt die Mutterhündin, falls sie gesund ist, ihre Welpen allein.

Die Muttermilch ist für die Welpen durch nichts zu ersetzen. Deshalb ist es für den Züchter wichtig, seine Zuchthündin ausreichend, mit qualitativ hochwertigem Futter, zu ernähren.

Ich füttere meine Tiere mit *Aras* – Vollwertnahrung. Oh nein, nicht daß Sie nun denken, ich werde für diese Auskunft von der Firma *Aras* gesponsert. Das ist nicht der Fall . Ich gebe hier nur meine persönlichen Erfahrungen in Sachen Hundeernährung weiter. Da ich neben meiner Hobbyzucht voll berufstätig bin, greife ich gerne auf diese hochwertige Fertigfutter zurück.

Aras – Vollwertnahrung enthält keine Konservierungsstoffe und keine chemische Zusätze. Allerdings, und das ist wichtig, einen Fleischanteil von mindestens 30 %. Sie haben richtig gelesen: <u>mindestens 30 % Fleischanteil !</u>

Bei den meisten handelsüblichen Futtersorten beträgt der Fleischanteil nur 4 bis 5 % . *Aras* bietet eine riesige Palette unterschiedlicher Geschmacksrichtungen. Eine wesendlich größere Abwechslung als bei anderen Futtersorten ist also auch gewährleistet.

Noch Fragen ?

Um das Muttertier bei der kräftezehrenden Arbeit der Milchproduktion zu entlasten, kann der verantwortungsbewußte Züchter ab der dritten Woche vorsichtig mit dem Zufüttern beginnen. Die Welpen sind dann in der Lage, einen leichten Brei aus einer flachen Futterschale aufzunehmen. Da in dieser Zeit auch der Bedarf an Kalzium und Phosphor extrem steigt, ist eine Beifütterung mit hochwertigem Futter erforderlich. Ich füge dem *Aras* – Grundbrei

(Vollwertnahrung gemischt mit Cerealien und warmen Wasser) noch zusätzlich eine Mineral-/ Kalkmischung zu, um die Welpen optimal zu versorgen.

Ab der 7. – 8. Woche bis zum 5. – 6. Lebensmonat bekommen die Hunde viermal täglich ihre Mahlzeit. Ab 7. Monat erhalten die Junghunde eine dreimalige Fütterung. Mit 9 Monaten verringert sich die Fütterung auf zweimal am Tag und ab dem 1. Lebensjahr füttere ich nur einmal abends.

Ab 15 Monaten Lebensalter lasse ich dann auch die Mineral-/ Kalkmischung weg. Weiter brauchen Sie sich dann auch keine großen Gedanken zu machen. Wenn Ihr Hund gesund bleibt, und das sollte bei dieser hochwertigen Ernährung der Fall sein, können Sie ihn bis ins hohe Alter genau so weiter füttern. Mit dieser Methode habe ich nur die besten Erfahrungen gemacht.

G, wie Gassi gehen

Die große Frage nach der Stubenreinheit beginnt sofort am Ankunftstag Ihres neuen Hausgenossen bei Ihnen zu Hause. Nach jedem füttern, nach jedem Schläfchen sollte der Welpen schnellstens „gelüftet" werden. Tragen Sie ihn umgehend nach draußen, damit er dort sein kleines oder großes Geschäftchen erledigen kann. Hat es geklappt, dann loben Sie ihn ausgiebig. Sollte er doch einmal sein Geschäft in der Wohnung verrichten, dann schimpfen Sie nur, wenn Sie ihn auf „frischer Tat" ertappt haben. Tragen Sie ihn danach sofort zu seinem Löseplatz. Keine Sorge, auch Ihr Hund lernt es ziemlich schnell, wenn Sie am Ball bleiben. Stupsen Sie den Kleinen niemals in seine Hinterlassenschaften. Das versteht er sowieso nicht und im übrigen ist es ohnehin nur Tierquälerei. Schwieriger wird es, wenn Sie ein älteres, nicht stubenreines Tier gekauft haben.

Und hier kommen wir zu Fritz *Partnerin.* "*Viola Queen of Eskalony*" ist ihr adeliger Name. Sie war, als ich sie zwecks späterer Heirat, für *Fritz* einkaufte, eine 13 Monate alte Hündin. Dieses Tier kam aus einer Zucht, in der die Tiere ausschließlich im Freien gehalten wurden. Es gab dort auch keinen Innenzwinger, sondern nur einen überdachten Bereich. Somit hatte die Hündin nie den Unterschied zwischen drinnen und draußen gelernt, und machte ihr kleines und großes Geschäft überall hin. Es hat viel Geduld und Putzlappen gebraucht, bis sie verstanden hatte, daß sie sich nur draußen lösen sollte.
Am einfachsten geht so etwas, wenn Sie Ihr Tier nach Möglichkeit den ganzen Tag beobachten. Sobald der Hund auf dem Boden schnüffelt, nichts wie raus ! Zum Glück ist meine Frau inzwischen absoluter *Beardie – Fan.* Sie ist ja Tags über mit den Tieren allein und muß in dieser Zeit, den größten Teil der Erziehung übernehmen. Ganz wichtig auch in diesem Fall, das Loben. Für mich ist das Lob ein ganz wichtiges Hilfsmittel in der Hundeerziehung.

Penny und Fritz

Auch *Viola* war ein echter Problemfall. Bevor sie überhaupt unsere Wohnung gesehen hatte, war sie mir direkt aus dem Laderaum meines Kombis entwischt. Zwei lange Tage war sie verschwunden. Eine große Suchaktion, mit vielen Kindern, hatte aber dann endlich Erfolg. Ein Junge hielt das reglose Tier für einen alten Teppich. Auch ich mußte zweimal hinsehen, doch dieses zerschundene Tier war tatsächlich meine *Viola*. Pfötchen blutig, die Nase zerkratzt – ein Bild des Jammers.

„Der Hund ist aber kaputt", rief mein Sohn, als er *Viola* zum ersten Mal sah. „Die soll *Fritz's* Frau werden ? Die gefällt ihm bestimmt nicht. Ich würde die nicht nehmen."

Doch auch aus einem „häßlichen Entchen" kann ein wunderschöner Schwan werden. Manchmal braucht man etwas Geduld.

H, wie Haarkleid

Seien Sie doch mal ehrlich: Langes Hundehaar sieht doch wirklich nach sehr viel Arbeit bei der Pflege aus! Es haart ewig, und wenn der Hund auch noch naß ist – was für eine schlimme Vorstellung!
Doch so ist es nicht.
Aus Erfahrung weiß ich, daß Hunderassen mit kurzen Haaren, wie beispielsweise: Dalmatiner, Basset oder Rottweiler mehr Probleme und Putzarbeit verursachen, als die meisten Langhaarigen.

Fellpflege ist für alle Hunde wichtig.

Die kurzen Haare setzen sich in Polster, Teppiche, Wolldecken und leider auch in der Garderobe ganz ungemein fest. Diese kleinen Spitzen lassen sich dann nur mit viel Mühe wieder aussaugen oder abreiben. Allerdings, wenn Ihr Hund naß geworden ist, ist kurzes Haar wieder wesentlich pflegeleichter. Sie müssen nicht so lange rubbeln, bis es wieder trocken ist und Schmutz läßt sich leichter entfernen. Auch trägt ein kurzhaariger Hund nicht so viel Staub und Schmutz ins Haus. Doch steht nicht Staub wischen und fegen fast täglich auf dem Arbeitsprogramm einer tüchtigen Hausfrau/mann.

Nun, meine *Beardies* haben lange Haare, aber die Pflege ist leichter als man denkt.

*Haarkleid eines Beaded
Junghundes*

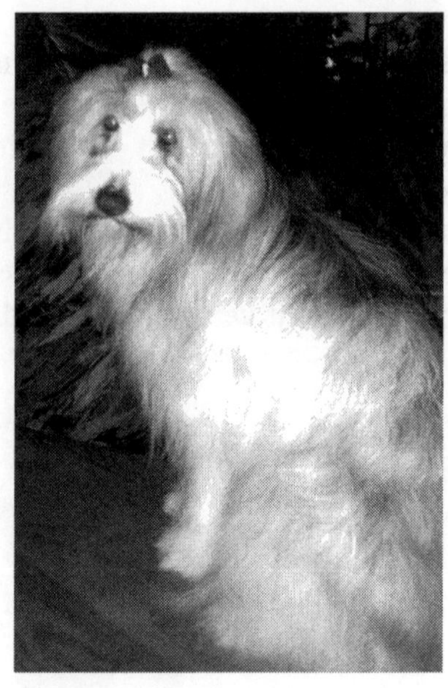

*Eine Laune der Natur.
Haarkleid einer braun
geborenen Hündin.
Das Haar dunkelt wieder nach.*

Wenn man den Welpen vom Anfang an, an das Bürsten gewöhnt, läßt er es sich später als zusätzliche Streicheleinheit gerne gefallen.
Das Fell ausgewachsenen Hunde wird nur alle zwei Wochen gründlich gebürstet. Sie haben richtig gelesen , <u>nur alle zwei Wochen</u> ist eine gründliche Haarpflege notwendig.
Blätter, Kletten o.ä. müssen natürlich sofort entfernt werden. Bürsten Sie bitte nicht zu oft, denn dabei verliert Ihr Hund zu viel Unterwolle und sieht nicht mehr schön aus. Allerdings ist der Pflegeaufwand bei langhaarigen Rassen sehr unterschiedlich. Mal mehr, mal weniger bürsten, je nach Haarbeschaffenheit. Doch eines haben alle langhaarigen Hunde gemeinsam: Haare, die der Hund in der Wohnung

verliert, lassen sich ganz einfach aufheben. Sie müssen nicht mühsam abgesaugt oder abgebürstet werden. Von der Garderobe streicht man sie ganz einfach mit einem feuchten Tuch ab.
Lange Haare bleiben nicht stecken. Also, alles halb so schlimm.

Nun wieder zu *Fritz* und *Viola*. Beide Hunde waren an die Haarpflege gewöhnt. Damit hatte ich zum Glück keine Probleme. Durch die vollwertige und gute Ernährung wurde das Fell glänzend, kräftig und wunderbar kämmbar.
Fritz entwickelte sich zu einem Prachtexemplar seiner Rasse. Ich habe ihn dann auch tatsächlich ausgestellt. Er hat bis heute jede dieser Ausstellungen gewonnen. Diverse Urkunden und Pokale zieren inzwischen unser Wohnzimmer. Er wurde Weltsieger 1995 bis 2000. Etliche Male, Landessieger, Olympiasieger ect. Für meine Kinder ist es schon selbstverständlich, daß *Fritz* der absolute „Champ" ist.
Marcel meinte vor einer Ausstellung: „Papa warum müssen wir eigentlich dahin fahren? Können die dir den Pokal nicht einfach zuschicken?" - Kindermund!
Aber Sie und ich wissen jetzt, daß vor jedem Lohn die Arbeit steht.
Gerade in der Hundeerziehung und Pflege hört sie niemals auf. Auch *Viola* hat inzwischen einige Titel errungen. Sie entwickelte sich zu einer selbstbewußten und recht guten Hündin. Und dann kam der Babysegen...

Das junge „Rudel"
untereinander

Wer als Welpe soviel Kinderliebe erfahren,
hat wird der beste Freund und Kumpel.

I, wie Impfung

Wichtig für jeden Hund ist die Impfung. Wenn Sie Ihren Welpen abholen, sollte er schon die Grundimmunisierung erhalten haben.
Diese erste Impfung erfasst die Erreger der Staupe, Hepatitis, Leptospirose und Parvovirose (SHLP). Eine Nachimpfung ist mit 12 Wochen fällig. Dabei kann dann auch gegen Tollwut geimpft werden. Sollten Sie mit Ihrem Hund in einer Gegend wohnen, in der Zwingerhusten grassiert, lassen Sie ihn auch dagegen impfen. Der Impfstoff entfaltet sich erst langsam. Deshalb ist es ratsam, nicht sofort mit dem kleinen Kerlchen die Hundeplätze aufzusuchen, auf denen sich die ganzen Hundefamilien der Nachbarschaft treffen. Die Impfung wird im Abstand von einem Jahr regelmäßig wiederholt. Sie sollten Ihren Neuankömmling auch noch einmal entwurmen. Beim Züchter wurde er hoffentlich 4 – 5 mal entwurmt. Zur eigenen Sicherheit entwurmen Sie gleich nach dem ersten Tierarzttermin noch einmal. Danach sollte auch die Entwurmung jährlich erfolgen.
Sollten Sie einmal den Verdacht haben, daß sich Ihr Hund mit einer Seuche infiziert hat oder er mit einem erkrankten Tier in Kontakt stand, gehen Sie bitte sofort zum Tierarzt. Nur der Tierarzt kann Schwereres verhindern. Überhaupt sollten Sie bei Verdacht auf eine Krankheit immer sofort den Tierarzt aufsuchen. Nicht alles ist gleich eine schwere Krankheit, aber beim Welpen, Junghund und alten Hund kann auch ein leichter Brechdurchfall schwerwiegende Folgen haben. Der Tierarzt wird Ihren Hund bei den jährlichen Impfungen ebenfalls auf „Herz und Nieren" untersuchen und gegebenenfalls die entsprechenden Maßnahmen ergreifen.

Bei unserem ersten „Welpensegen" war natürlich die Zeit der Trächtigkeit und die Zeit der Welpenaufzucht, bis zur ersten Impfung, schon ein großartiges Ereignis. *Fritz* und *Viola* waren ein sehr verliebtes Paar. Die Zuchttauglichkeit war vom Verein bestätigt worden. Der Deckakt klappte nach dem ersten Versuch. Nun begann die aufregende Wartezeit. Hat sie nun auf-genommen oder nicht? Als nach ca. 3 Wochen ein klarer, klebriger Ausfluß auftrat, war es sicher. Es hatte geklappt ! Dieser Ausfluß ist ein sehr sicheres Zeichen und tritt bei einer Scheinschwangerschaft nicht auf. In der fünften Trächtigkeitswoche hielten meine Frau und ich die Unsicherheit, wie viele Welpen es wohl werden würden, nicht länger aus. Also – auf zum Tierarzt. Zum Glück gibt es die Ultraschalluntersuchung. Und siehe da, es wurde uns ein recht großer Wurf bestätigt.

Es war schon interessant zu sehen, wie sich langsam das Gesäuge der Hündin ausbildet. Auch ihre ohnehin große Anhänglichkeit verstärkte sich noch. Alleine sein im Badezimmer – das war kaum noch möglich. Hatte ich es doch einmal geschafft, lag sie vor der Tür und warf mir einen sehr, sehr vorwurfsvollen Blick zu, wenn ich wieder herauskam. *Fritz* kümmerte sich rührend um „sein Mädchen". Er mußte wohl tatsächlich ahnen, das ein großes Ereignis seinen Schatten voraus warf. Und dann war es soweit. Ich schlief schon seit einigen Tagen mit der Hündin im Welpenzimmer. Dann eines Nachts, es war gerade 1.00 Uhr, ein Schrei und schon war der erste Welpe geboren.

"Viola" während der Geburt.

Die Anzeichen am Abend hatte ich richtig gedeutet und zum Glück den Jogginganzug angelassen. Trotzdem war ich so aufgeregt, daß ich erst einmal meine Kleidung suchte. Von meiner Frau wurde ich darauf aufmerksam gemacht, daß ich diese doch schon an hatte.

Wir saßen nun beide mit großen Augen vor der Wurfkiste und bestaunten das kleine Wunder. *Viola* war bereits bei ihrem ersten Wurf eine prächtige, instinktsichere Mutter und versorgte ihr erstes Baby vorbildlich. Dann kam der Nächste, der Nächste, der Nächste, der Nächste – ja hört das denn gar nicht auf ?

Welpe Nr. 7 wurde morgens um 6.00 Uhr geboren.

War das nun alles? Meine Frau holte das Stethoskop hervor und lauschte. „Keiner mehr zu hören", war ihre Auskunft. Die sieben Welpen lagen glücklich und inzwischen schon satt, aneinander gekuschelt. Viola hatte schon mehrfach Wasser getrunken – na also, jetzt ging's „Gassi".

Unterwegs kaufte ich dann auch noch frische Brötchen ein. Als ich wieder Zuhause ankam, erhielt *Viola* erst einmal eine kräftige Rindfleischsuppe. Danach gingen wir mit den Kindern zum Frühstück. Ich hatte noch nicht den ersten Bissen getan, da erfaßte mich eine große Unruhe.

Wenn das doch noch nicht alles gewesen ist ? Also eilte ich in die Wurfstube und siehe da: *Viola* leckte gerade Baby Nr. 8 sauber. Nun lagen 5 kleine Rüden und 3 kleine Hündinnen im „Nestchen". Wer so etwas schon gesehen hat, kann mich verstehen – da wird einem das Herz weit. Es ist ein wahres Wunder. Man kann Gottes Schöpfung gar nicht genug bestaunen.

J, wie Jagdtrieb

Zu den heutigen Begleit – und Familienhunden gehören auch Hunde, die jagdlich geführt werden oder wurden. Der kleine Münsterländer, der Retriever, der Setter, der Beagle usw. Diese Hunde, ganz egal ob sie jemals jagdlich geführt wurden, haben einen angeborenen Jagdinstinkt. Es bedarf einer sehr guten, konsequenten Erziehung und absolutem Gehorsam, um mit diesen Hunden leinenlos durch Feld, Wald und Flur zu wandern. Wie schnell ist ein Kaninchen oder Hase aus dem Gebüsch gesprungen? Dann erwacht der Instinkt des Tieres. Das Schlimmste, das passieren kann: Ihr Hund wird wegen Wilderei erschossen. Solche Hunde sollten zur eigenen Sicherheit in Wald und Flur an der Leine , oder wenn sie perfekt gehorchen, bei Fuß geführt werden. Der Jagdtrieb sollte schon im Welpenalter unterbunden werden. Denn auch Nachbars Katze, Radfahrer und Jogger sind ansonsten beliebte Jagdobjekte.

Meine Beardies sind Hütehunde. Das hat den Vorteil, daß sie alles hüten, was ihnen in die Quere kommt: Hühner, Enten, Kinder und natürlich auch Schafe. Der *Bearded Collie* ist ein selbstständig hütender Hund, dem das Hüten im Blut liegt. Der Jagdtrieb ist ihm relativ fremd. Allerdings ist er dadurch auch selbstständiges denken gewohnt. Er hat seinen eigenen Kopf. Plumpe Gehorsamsübungen sind ihm ein Greuel.
Wenn ich mit meiner Familie und meinen Tieren einen größeren Spaziergang unternehme, dann brauche ich mir keine Sorgen um die Kinder zu machen. Sind diese außer Sichtweite, schicke ich meine Hunde hinterher. Da wird dann die Nase in den Wind gehalten, die Spur verfolgt, und es ist eine riesige Freude für alle Beteiligten, wenn sie die Kinder gefunden haben. Dieses Versteckspiel ist für meine Hunde und für meine Kinder ein herrliches Spiel. Die Hunde „treiben" die Kinder dann im Halbkreis zurück und alle freuen sich, wenn das ganze „Rudel" wieder komplett ist.

Bei einem Junghund kann man mit solchen Spielchen wunderbar das „Komm hier her" üben. Wenn Ihr Hund nicht zu Ihnen zurück kommen will, bloß nicht auf ihn zulaufen. Das hält er für ein „Fang mich doch Spiel". Gehen Sie einfach in die Hocke, dann denkt Ihr Hund, Sie hätten sich von ihm entfernt oder stellen Sie sich hinter einen Baum. Ihr Hund wird schleunigst versuchen, seine Bezugsperson oder sein Rudel wieder zu erreichen, und schnellstens zurückkommen.

Schon bei unseren Welpen konnten wir dieses Spielchen beobachten. Bis zur 3.Woche spielt sich das junge Hundeleben, ganz nah bei der Mutter ab. Doch schon in der 4. Woche werden die Welpen beweglicher und ihr fröhliches Spiel beginnt.

Da wird Fangen, Raufen und Beutemachen gespielt. Ist es den Welpen möglich, der Mutter zu folgen, werden sie diese auf Schritt und Tritt verfolgen.

Die ersten Mutigen erkunden dann aber bald das Gelände. Doch sobald sich das Rudel zu weit entfernt hat, geht es im Sauseschritt zurück an Mamas sichere Seite.

Auch die Mutterhündin beteiligt sich an dem Hundespiel. Das ist ganz wichtig, denn so lernt der kleine Welpe schnell, alle Hunderegeln kennen. Mit der 8. Woche tritt dann auch Vater Rüde in Aktion. Bei uns hat *Fritz* der gestreßten Mama einige Erziehungsarbeiten abgenommen. Wenn die Kleinen all zu rauflustig werden, greifen die Elterntiere auch mit Disziplinarmaßnahmen ein. Da wird dann erst einmal geknurrt, und wenn das Bürschchen immer noch nicht hören will, auch schon einmal gezwickt. Doch im Grunde haben *Fritz* und *Viola* eine Engelsgeduld. Wenn ich mit ansehe, wie acht kleine Knäuels an Schwanz und Ohren von *Viola* hängen, und sie auch Vater *Fritz* immer wieder bei seinem Verdauungsschläfchen stören, dann kann ich nur sagen: „Hut ab!" vor solch einer Geduld. Ob ich tagein, tagaus die gleiche Gelassenheit aufbringen könnte? Ich glaube es kaum. Es ist eine große Leistung, die Elterntiere, die besonders die Mutter, innerhalb der ersten 9 Wochen vollbringen müssen.

Bei uns werden die Welpen in der 8. Woche geimpft und dann vom Zuchtwart des I.R.V. gechipt. All die Arbeit, die der Züchter und die Hundemutter mit den kleinen Kerlchen hatte, muß nun von der neuen Familie, oder dem neuen Frauchen/Herrchen fortgeführt wer-den.
In Anerkennung der Arbeit des Züchters: Die Arbeit innerhalb der Aufzucht hört niemals auf.
Ich habe 19 Zentner Zeitungspapier zur Müllverbrennung gefahren. Sie glauben gar nicht, was aus so kleinen Beardies unten alles heraus kommt!

Ein so süßer Welpe läßt schnell alle Verpflichtung in den Hintergrund gleiten.

K, wie Kinder

Oh weh, da gibt es die schrecklichsten und grausigsten Geschichten. Kind und Hund, kann das gut gehen? Aber natürlich! Sie müssen nur einige Regeln beachten.

Kaufen Sie nie für ein kleines Kind einen kleinen Hund. Kleine Hunde sind viel zu empfindlich und den rauhen Kinderspielen nicht gewachsen. Da kann es passieren, daß ein kleiner Hund schwer verletzt wird. Kleine Kinder mißdeuten kleine Hunde schnell als lebendiges Stofftier. Ebenso neigen sie dazu bei leichten Liebkosungen zu fest zuzudrücken. Dabei ist es möglich, daß ein kleiner Hund, aus Angst um sein Leben, zubeißt. Mittelgroße Hunde, die in der Prägungsphase viel Kontakt zu Kindern hatten und mit diesen positive Erfahrungen verbinden, sind am besten geeignet. Die Spielregeln, die zu beachten sind, sollten Sie mit Ihren Kindern schon im Vorfeld besprechen.

*Kinder sollten mit einbezogen werden, damit sie lernen
Verantwortung zu tragen.*

Ein Hund ist kein Spielzeug. Wenn ein Hund ins Haus kommt, sollte in der ersten Zeit immer ein Erwachsener die Aufsicht über Kind und Hund haben. Bei sehr kleinen Kindern ist besonders darauf zu achten, daß der Hund nicht gequält wird. Kein Hund mag es, wenn er am Schwanz oder an den Ohren gezogen wird.

Bei einem Welpen ist die Schlafzeit für spielfreudige Kinder absolut Tabu. Ein Welpe muß noch viel schlafen, aber er wächst schnell zum fröhlichen Spielkamerad heran. Wichtig ist auch, daß kein kleines Spielzeug aus Überraschungseiern, Wundertüten oder gar Legosteine im Spielbereich des Welpen herumliegt.

Welpen stecken, genau wie kleine Kinder, alles in den Mund. Nicht nur, daß zernagtes „Lieblingsspielzeug" eine Tränensintflut hervorruft, der Welpe kann so etwas auch verschlucken. Das kann böse Folgen haben. Auch sollten Kinder nur solche Spiele mit dem Hund tätigen, die sie auch gewinnen können. Deshalb ist anzuraten, kein „Kräftemessen" zu spielen.

Der Hund ist in der Familie immer das letzte Glied. Wenn er bei Kinderspielen immer der Gewinner ist, könnte es sein, daß er sich zum Rudelführer berufen fühlt und unter Umständen das mit den Zähnen durchzusetzen versucht.

Bei unserem *Fritz* und auch bei *Viola* hat es mit den Kindern niemals „Kompetenzprobleme" gegeben. *Fritz* war zwar in der ersten Zeit schwierig, aber mit den Kindern immer geduldig und liebevoll. Unser Jüngster hat es öfters ausprobiert. Immer wenn unser *Fritz* es sich im Flur gemütlich gemacht hatte, tauchte er auf. Ein Tritt auf das Ohr, ein Knuff in die Seite, Wir haben immer Ängste ausgestanden, daß *Fritz* sich einmal ernstlich wehren würde.

Gott sei Dank ist so etwas niemals passiert. Er mufft zwar laut und deutlich, aber dann trollt er sich in eine andere Ecke. Um meinen kleinen Sohn diese „Unart" auszutreiben, habe ich dann folgendes gemacht: Ich rief ihn zum Hund und zeigte ihm die riesigen, weißen Zähne, in der Hoffnung, daß er nun vor Erfurcht erstarren würde. Da stand er nun und staunte. "Oh, was sind das für große Zähne! Papa, können die auch beißen ?"

„Na klar und wie", antworte ich.

Ganz stolz berichtete ich meiner Frau, daß nun die „*Fitz – Ärgerei*" sicher aufhören würde. Fazit der Geschichte: Wann immer ein Besuchskind bei uns auftauchte, rennt unser Kim sofort zu *Fritz,* öffnet den Fang und sagt: „Wenn du dich bei uns nicht gut benimmst, dann beißt Dich mein Hund. Der hat nämlich Zähne wie ein Löwe." Zum Glück ist auch Kim inzwischen älter geworden und die Ärgerei hat von allein aufgehört. Tiere fördern das Verantwortungsgefühl von Kindern ganz ausgezeichnet. Mit Geduld und viel kinderverständlicher Information ist ein Hund ein idealer Spielkamerad, Tröster und geduldiger Zuhörer für unsere Kinder.

Meine Beardies zeichnen sich durch besondere Kinderfreundlichkeit aus. *Viola* liebt die Kinder sehr und wird oft von ihnen gekuschelt wie ein Teddybär. Das die hygienischen Bedingungen wie Wurmkur, Maßnahmen gegen Ungezieferbefall usw., wenn Kinder zum Haushalt gehören, besonders gründlich befolgt werden müssen, versteht sich von selbst.

<u>L, wie Lernen</u>

Ganz im Gegensatz zu unseren Kindern, lernen Hunde immer gerne. Es ist ein Grundbedürfnis des Hundes zu lernen und Erfahrungen zu sammeln. Schon die Mutter unterweist die Welpen spielerisch in gutem Hundebenehmen. Einen Hund zu einem guten Begleiter und zuverlässigen Beschützer zu erziehen, ist ein Lernprozess für Ihren Hund und auch für Sie. Wenn Sie einen Welpen erworben haben, geht es sogleich los.

Als erstes muß Ihr Hund lernen, auf seinen Namen zu hören. Hunde lernen, indem sie Dinge mit einander verbinden. Also rufen Sie Ihren Liebling. Wenn er dann tatsächlich kommt, geben Sie ihm ein Leckerchen und loben ihn. Wenn Sie das einige Male gemacht haben, wird Ihr Hund jedes Mal freudig angesprungen kommen, wenn Sie ihn bei seinem Namen rufen.

Dann wird es schwieriger. Dieses kleine Kerlchen wird alles benagen, was ihm zwischen die Zähne kommt. Das werden Sie spätestens, wenn es Ihr Finger ist, schmerzhaft zu spüren bekommen. Also, er soll nicht nagen oder beißen!

Geben Sie Ihrem Tier z.B. hartes Brot, Spielzeug aus Büffelhaut, frische nicht giftige Äste, damit er seinen Nagetrieb befriedigen kann. Besonders im Zahnwechsel ist es wichtig und gut, wenn er viel zu knabbern erhält.

Jedes Mal wenn er das Tischbein oder Ihren Lieblingssessel annagt, sagen Sie laut und deutlich „Aus".

Geben Sie Ihm etwas anderes, um ihn abzulenken. Der Welpe lernt ganz schnell an Ihrem Tonfall, daß er etwas falsch gemacht hat. Wenn er Sie beißt, Welpenzähnchen sind nadelspitz, sagen Sie wieder „Aus" und halten Sie ihm den Fang zu. Das macht die Mutterhündin auch.

So erkennt er, dass er nicht beißen darf. Jedes Mal, wenn der Kleine von seiner „Schandtat" abläßt, loben Sie ihn ausgiebig. Loben ist, wie ich schon im Kapitel **<u>E wie ehrliche Erziehung</u>**" angeführt habe ein ganz wichtiges Hilfsmittel.

Das Kommando „Aus" muß jeder Hund lernen. Er muß nach diesem Wort grundsätzlich alles, was er im Maul hält, sich wegnehmen lassen und im Grunde sofort mit jeder Beschäftigung aufhören.

„Aus" ist ganz wichtig, wenn Ihr Hund etwas aufgenommen hat, was ihm nicht bekommen könnte. Denken Sie daran, es kann unter Umständen lebenswichtig sein, falls Ihr Hund etwas Giftiges aufnehmen will oder aufgenommen hat.

„Pfui" ist, wie das Wort schon sagt, dann anzuwenden, wenn etwas wirklich „Pfui" ist – das Beschnüffeln der Kothinterlassenschaften anderer Hunde beispielsweise. Das ist nicht nur ekelig, sondern kann auch Krankheiten übertragen. „Beinchen heben" an Hauswänden und Fahrzeugen fällt ebenso in den Bereich „Pfui", wie schnüffeln am menschlichen Esstisch. Damit sind wir dann auch gleich beim „Betteln" angelangt. Hat Ihr Hund erst einmal herausbekommen, daß unser Menschenfutter eine Köstlichkeit ist, wird er sich immer wieder zur Essenzeit bei Ihnen einfinden. Er wird Sie bittend ansehen. In Erwartung eines Leckerbissens, läuft ihm dann das Wasser im Mund zusammen und dabei auch heraus. Am besten ist es, Sie geben ihm grundsätzlich nichts vom Eßtisch. Ist er aber schon an Bockwurst, Leberwurstbrot und Braten gewöhnt, ist es schwer ihm das wieder abzugewöhnen. Halten Sie ihm eine Zitronen– oder

Zwiebelscheibe hin. Er wird merken, daß das, was da auf dem Tisch steht, ganz und gar nicht seinen Erwartungen entspricht, und sich trollen.

Um Ihren Liebling die Leine, ohne die es ja nicht geht, schmackhaft zu machen, fangen Sie gleich beim ersten Spaziergang damit an. Er sieht die Leine als Ihren verlängerten Arm an und wird sich sicher und beschützt fühlen. Wenn ein Welpe wochenlang ohne Leine spazieren geht, wird es sehr schwer sein, ihn daran zu gewöhnen.

Leichte Kommandos wie „Sitz", am Anfang mit leichten Händedruck auf das Hinterteil, und „Platz" lernt Ihr Hund sehr schnell. Sollte „Platz" Schwierigkeiten bereiten, dann lassen Sie Ihren Hund erst „Sitz" machen. Nehmen Sie anschließend die Vorderläufe und ziehen diese, während Sie das Kommando „Platz" sagen, langsam nach vorne. Hat es geklappt, immer wieder loben und öfters wiederholen.

„Bei Fuß gehen", mit und ohne Leine, ist schon etwas schwieriger. Zieht Ihr Hund an der Leine, dann bleiben Sie stehen und locken Ihn zurück. Dann sagen Sie „Fuß" im strengen Tonfall, und gehen in dem von Ihnen gewünschten Tempo weiter. Zieht er wieder, wiederholen Sie die Übung. Wenn Ihr Hund verstanden hat, was das Wort „Fuß" bedeutet und es perfekt beherrscht, können Sie zum nächsten Schritt, „Bei Fuß" ohne Leine, übergehen. Bleiben Sie jedes Mal stehen, wenn Ihr Hund zu weit vor Ihnen herläuft, und rufen Sie ihn zurück. Keine Sorge, wenn Sie regelmäßig üben und immer wieder loben, erlernt Ihr Hund schnell alle wichtigen Kommandos.

Nun, ein Kommando wird sicher Ihre Nerven auf die Probe stellen: „Bleib" – das Kommando, um einen Hund abzulegen, d.h. er muß liegen bleiben, selbst wenn Sie sich entfernen oder außer Sichtweite sind. Lassen Sie Ihren Hund, Platz machen und legen Sie die Leine dabei über seinen Rücken. Sagen Sie deutlich „Bleib" und entfernen Sie sich einige Schritte von ihm. Wenn ihr Hund aufsteht und Ihnen folgt, nehmen Sie ihn an die Leine und bringen ihn an den Ausgangspunkt zurück. Sicherlich müssen Sie diese Übung häufig wiederholen. Sie ist aber auch schon eine Übung für fortgeschrittene Hunde und Hundeführer. Wenn es dann endlich geklappt hat, loben Sie Ihr Tier ausgiebig. Vervollständigt wird diese Übung, indem Sie sich entfernen und dann außer Sichtweite, eventuell hinter einen Baum, stehen bleiben. Harren Sie einige Minuten aus. Ihr Hund sollte, wenn Sie zurückkehren immer noch an der Ausgangsposition liegen oder sitzen. Sollten Sie und Ihr Hund größere Lernschwierigkeiten haben, wenden Sie sich an eine gute Hundeschule. Dort wird man Ihnen und Ihrem Hund den letzten Schliff in Sachen „Hundeerziehung" geben.

Auch das „Alleine bleiben" muß geübt werden. Manche Hunde neigen nämlich gerade dann, wenn sie alleine bleiben sollen, zum stundenlangen bellen oder jaulen. Ganz schlimm wird so etwas, wenn Ihr „Liebling" in solchen einsamen Stunden Ihre Einrichtung zerstört. Deshalb beginnen Sie mit wenigen Minuten. Verlassen Sie für 10 Minuten Ihre Wohnung. Bleiben Sie dabei ganz „cool". Ihr Hund soll ja lernen, dass es ganz normal ist, allein zu bleiben. Wenn Sie wieder kommen, verzichten Sie auf eine große Begrüßung. Streicheln Sie ihn erst, wenn sich seine Freude gelegt hat. Hat es geklappt, dann können Sie die Übungszeiten verlängern. Auch wenn Ihr Hund keinerlei Problem beim Alleinsein macht, lassen Sie ihn nicht zu lange allein. Ein Hund ist ein Rudeltier und möchte ganz viel Zeit mit seinem Rudel verbringen. Wer einer Vollzeitbeschäftigung nachgeht, sollte auf Partner Hund verzichten.

Wie war das denn mit meinem *Fritz*. Er war ja, wie Sie bereits gelesen haben, ein sehr schwieriger und dominanter Rüde. Die Hundeschule hat uns sehr geholfen, aus *Fritz* einen „pflegeleichten" Familienhund zu machen. Im Abschnitt **E – wie Ehrliche Erziehung**" habe ich das Thema schon ausführlich erläutert. Mit *Viola* hatten wir auch keinerlei Probleme. Sie kam ja als Zweithund in unsere Familie.

Da *Fritz* und auch ich zu diesem Zeitpunkt schon ausgebildet waren, lernte sie sehr schnell durch Nachmachen. Ein Bearded Collie ist ein sehr intelligenter Hund.

Wir hatten einmal über einen längeren Zeitraum eine Junghündin bei uns aufgenommen. Dieses Tier habe ich aus einer extremen Zwingerhaltung geholt. „*Alice vom Bauerngraben*" hatte dort fast das ganze erste Lebensjahr im Zwinger verbracht. Sie tat mir einfach leid. Nor-

malerweise rate ich davon ab, Hunde aus Mitleid zu kaufen. Aber
manchmal setzt auch bei mir, vor allen Dingen, wenn es um meine
geliebte Rasse *Bearded Collie* geht, der Verstand aus. Außerdem ist
Alice ein wunderschönes Tier. Pechschwarz mit weißen Abzeichen,
da hat einfach mein Herz gesiegt.

*Partner Hund mit
seinem Rudel*

Diese Hündin kannte überhaupt nichts. Weder eine Leine, noch eine
Wohnung, kein Auto, einfach nichts! Es war furchtbar. Sie hatte
große Ängste und lag die ersten Tage verkrampft in unserem Wohnzimmer. Nach einigen Tagen faßte sie etwas Vertrauen zu meiner
Frau Christiane. Nun verfolgte sie diese auf Schritt und Tritt. Als
Alice zum ersten Mal die Toilettenspülung rauschen hörte, fiel sie
einfach um. Es ist schrecklich, was manche „Züchter" ihren Tieren,
alleine durch Nichtbeachtung, antun. Wir haben dann Alice einige
Wochen an Menschen gewöhnt, danach einige Wochen bei Bekann-
ten in das „Rudelwesen" eingewiesen und anschließend mühsam versucht sie auszubilden. Es hat zum größten Teil geklappt. Inzwischen

46

ist sie in einer sehr lieben, hundefreundlichen Familie untergekommen und erhält all das, was sie in ihrem ersten Lebensjahr nicht bekam: Fürsorge, Leitung und Anregung. Wir wünschen ihr noch ein langes, unbeschwertes Hundeleben.

M, wie Mietvertrag und Mohair

(ein „Spezial" für Langhaarhundefans)

Darf ich, oder darf ich nicht? Ein, nicht immer eindeutig geklärtes, Thema ist die Hundehaltung in einer Mietwohnung. Ein Vermieter kann im **Mietvertrag** ein ausdrückliches Hundeverbot festlegen. Sie als Mieter sind, wenn Sie dieses unterschrieben haben, fest daran gebunden. Bei Verstößen gegen dieses Verbot droht sogar die Kündigung.
Formularmietverträge enthalten zumeist ein generelles Hundehaltungsverbot. Dieses wird im Allgemeinen für unangemessen gehalten. Hundehaltung gehört zum normalen Wohnen und ist ein vertragsmäßiger Gebrauch der Mietsache. Wenn Sie aber wissen, daß Sie in absehbarer Zeit „auf den Hund kommen" werden, ist es zweckmäßig, die schriftliche Erlaubnis des Vermieters einzuholen. Sind spezielle Hunderassen verboten, ist die Rechtsprechung uneinheitlich. Fehlt in Ihrem Mietvertrag eine Regelung zur Tierhaltung, können Sie davon ausgehen, das diese erlaubt ist.

Viele Hundebesitzer können es ihrer eigenen Nachlässigkeit zuschreiben, wenn es Probleme mit dem Vermieter gibt. Ein Hund der stundenlang bellt und jault, wenn er alleine ist, führt naturgemäß zu Problemen mit den Mitmietern und danach mit dem Vermieter. Ebenso gehören Hundehinterlassenschaften nicht auf den Bürgersteig und schon gar nicht ins Treppenhaus. Ein wohlerzogener Hund der sein Geschäft unter Büschen und Sträuchern verrichtete, der das Alleinbleiben geübt hat und niemanden bedroht oder belästigt, hat selbstverständlich größere Chancen geduldet zu werden als eine schlecht erzogene Nervensäge.

Mohair ist sicher den meisten Leserinnen bekannt. Für die Männer unter Ihnen: Mohair ist eine wunderbar flauschige und langhaarige Wolle. Wenn Sie im Besitz eines langhaarigen Hundepartners sind, brauchen Sie sich diese Wolle, um z.B. einen herrlichen Pullover zu stricken, nicht extra zu kaufen. Bei jedem Kämmen oder Bürsten verliert Ihr Hund Haare. Diese Haare werfen ich dann nicht in den Mülleimer, sondern sammele sie in einer großen Tüte. So kommt im Laufe der Zeit ein beachtlicher „Haarberg" zusammen. Wenn die Menge ausreicht, können Sie diese Wolle gegen ein Entgeld verspinnen und waschen lassen. Wo so etwas möglich ist, erfahren Sie in den meisten Hundezeitschriften.

Meine Haare kann man gut zum Stricken verwenden.

Die Wolle meiner Beardies verstrickt sich genau so gut wie Mohair. Man kann auch noch andere edlen Materialien wie Baumwolle oder Seide zusätzlich verarbeiten. Es ist ein großartiges und sehr warmes Gefühl, eine Strickjacke oder einen Pullover von seinem eigenen Hund zu tragen. Außerdem können Sie sicher sein, etwas ganz Besonders zu besitzen. Also immer tüchtig sammeln! Die Haare sind viel zu schade für den Mülleimer.

N, wie Natur

Wer kann sich schon dem Zauber der Natur entziehen. Gerade „Stadtmenschen", die in beengenden Wohnverhältnissen oder Wohnsilos leben, empfinden einen Ausflug in die grüne Umgebung als besonders erholsam. Der Geruch einer blühenden Almwiese oder ein ausgiebiger Waldspaziergang ist Erholung für die Menschen unserer hektischen Zeit.

Genau so empfindet auch Ihr zweibeiniger Liebling! Deshalb sollten Sie Ihrem Hund regelmäßig und ausreichend Auslauf, auch ohne Leine, bieten.

Ausgedehnte Spaziergänge, ein Bad im See oder Flüßchen - Sie glauben gar nicht, wie gut Ihrem Hund diese Abwechslung vom Wohnungsleben tut.

Schwimmen ist mein Hobby.

Seien Sie ehrlich zu sich selber. Auch für Sie als Hundehalter ist die freie Natur gesundheitsfördernd und nervenstärkend. Viele Einschlafstörungen und nervöse Erschöpfungszustände können damit ohne jegliche Medikamente behoben werden.

Natürlich dürfen Sie einem Welpen noch keine all zu ausgedehnten Wanderungen zumuten. Das ist nicht gut für die Gelenke, da diese noch im Aufbau sind. Sobald Sie merken, daß Ihr Hund müde wird, oder sich unaufgefordert hinlegt, legen Sie eine Rast ein. Ihren Welpen können Sie dann natürlich auch tragen.

Gönnen Sie Ihrem Hund auch immer wieder den Kontakt und das Spiel mit Artgenossen. Wenn Ihnen unterwegs ein anderer Hund begegnet, zerren Sie nicht gleich an der Leine oder rufen Ihren Begleiter zurück. Hunde möchten Kontakte knüpfen, sich gegenseitig beschnüffeln, spielen und gelegentlich auch einmal raufen. Wenn es zu Drohgebärden kommt, bitte nicht gleich Angst haben oder Ihren Hund auf den Arm nehmen. Er soll lernen, dass er sich unterwerfen muß. Ein gut geprägter Hund wird diese Demutsgesten – wie flach angelegten Ohren, eingeklemmter Rute, geduckte Haltung – verstehen und akzeptieren.

Auch einen Welpen sollten Sie nicht sofort auf den Arm nehmen. In dieser für den Kleinen sicheren Höhe fühlt er sich dann unendlich überlegen. Er wird von „oben herab" jeden Hund böse ankläffen oder gefährlich knurren. Spätestens, wenn er zu schwer geworden ist, um ihn zu tragen, werden Sie dann Probleme bekommen. Da Ihr Hund ja gelernt hat, daß er anderen Artgenossen „haushoch" überlegen ist, wird er sich völlig überschätzen und vielleicht zu einem Dauerraufer. Ein Spaziergang wird dann für Sie eine nervenaufreibende Prozedur. Sollte es doch einmal zu einer größeren Rangelei kommen, dann lassen Sie der Natur getrost ihren Lauf. Für gewöhnlich verletzen sich Hunde nicht sehr schwer. Der Unterlegene wird früh genug „klein beigeben". Wenn Sie aber aus Angst um Ihren Liebling eingreifen, riskieren Sie gebissen zu werden. Selbst Ihr eigener Hund kann in solchen Situationen nicht unterscheiden, was oder wen er beißt.

Fritz und auch *Viola* sind sehr gut geprägte Tiere. Bisher sind beide nur einmal in eine große Rauferei verwickelt worden. Es war der letzte Hundegang am späten Abend. Wir schlugen unsere gewohnte Route ein und waren noch gar nicht weit gekommen, als ein großer schwarzer Schatten auf uns zu schoß. Dieses riesige schwarze Etwas stürzte sich ohne jegliche Vorwarnung auf *Fritz*. Es war wirklich beängstigend. Das tiefe bösartige Grollen des angreifenden Hundes ließ mir tatsächlich das Blut in den Adern gefrieren. Von weiten hörte ich Stimmen: „Beppo, Beppo ! Hier Fuß, komm sofort zurück!"

Beide Hunde waren aber schon in einen gefährlichen Kampf verwickelt. Als die Besitzer des schwarzen Hundes den Kampfplatz erreichten, riefen sie: „Vorsicht der Hund ist scharf! Beppo, Beppo hierher!"

Mit einem entsetzten Blick auf *Viola* entfuhr es ihnen: „Da ist ja noch einer, den beißt er sicher auch kaputt." Diese „Hundeführer" waren weder in der Lage, ihren aggressiven Hund zurückzuholen, noch hatten sie den Mut einzugreifen. Beherzt habe ich dann, um meinen *Fritz* zu retten, eingegriffen. Mit einer Hand zog ich *Fritz* am Halsband aus dem Geschehen, mit meiner rechten Körperseite drückte ich den angreifenden Hund zu Boden. Selbst als diese „schwarze Bestie" fest am Boden lag, wagten die Besitzer nicht den Hund wieder anzuleinen. Erst als ich mit einer Anzeige und der Polizei drohte, zogen sie ihren Hund am Halsband von mir weg. Mir ist zum Glück, außer ein paar Schürfwunden, nichts passiert. Auch *Fritz* hat bei dieser Attacke nur einige kleine Bißspuren davongetragen und reichlich Haare verloren.

Der *Bearded Collie* hat ein ziemlich dichtes Fell mit reichlich Unterwolle. Das hält auch bis zu einem gewissen Grad Bißverletzungen" auf.

Viola saß während der ganzen Kampfaktion im sicheren Schatten eines Baumes. Sie hätte sicher, als zarte Hündin, nicht soviel Chancen gehabt, dem wesendlichen größeren und stärkeren „Kampfhund" abzuwehren.

Solchen üblen Hundebegegnungen sind nicht die Regel. Ein verantwortungsvoller Hundeführer würde einen gefährlichen Hund sowieso nicht ohne Leine oder Maulkorb herumlaufen lassen. Aber es gibt immer wieder Zeitgenossen, die die Gefahr, die von solch einem Tier ausgeht, unterschätzen.

52

O, wie Ohren

Wenn Sie sich einen Hund anschaffen, schauen Sie bitte in die Ohren. Diese sollten sauber, gepflegt und vor allen Dingen gesund sein. Um ganz sicher zu gehen, benutzen Sie Ihre Nase und riechen Sie an den Ohren. Wenn Ihnen ein strenger und etwas säuerlicher Geruch auffällt, dann hat das Tier eine Ohrenentzündung oder Milbenbefall. Milbenbefall zieht einen langwierigen Behandlungs- und Heilungsprozeß nach sich. Handelt es sich bei dem Tier um einen Welpen, ist es besser, wenn Sie diesen „Züchter" meiden. In guten Zuchten werden die Hunde sauber und artgerecht gehalten. Ebenso werden Ohren und Zähne, Haut und Haare regelmäßig kontrolliert und gesäubert.

Besonders bei schlappohrigen und langhaarigen Hunden ist eine gute Ohrenpflege sehr wichtig. Schauen Sie regelmäßig, am besten einmal in der Woche, in die Ohren Ihres Lieblings.
Verschmutzungen und Ohrenschmalz werden mit einem sauberen, feuchten Tuch herausgewischt. Sie können auch ein Ohrenpflegemittel, das es in jeder Zoohandlung gibt, verwenden. Benutzen Sie **keine** Ohrenstäbchen. Die Gefahr, daß Sie das empfindliche Ohr Ihres Hundes verletzen, ist dabei zu groß.
Haare, die aus den Ohren herauswachsen, müssen um eine gute Belüftung zu erhalten, entfernt werden. Benutzen Sie eine anatomisch geformte Pinzette oder ganz einfach Daumen und Zeigefinger. Fassen Sie die Haare fest an und zupfen Sie diese ganz einfach heraus. Keine Angst, da die Haare nicht sehr fest sitzen, ist diese Prozedur für Ihren Hund nur gewöhnnungsbedürftig, aber schmerzlos.
Das Gehör Ihres Hundes ist dem Menschlichen Gehör weit überlegen. Besonders hohe Frequenzen, wie z.B. die bekannte Hundepfeife, sind für ein Hundegehör deutlich vernehmbar. Deshalb gibt es auch keinen Grund Ihren Hund anzuschreien. Wenn er nicht gehorcht, liegt es mit Sicherheit nicht am Gehör, sondern an der

Erziehung. Natürlich kann bei einem alten Tier das Gehör nachlassen. Aber bis zu diesem Zeitpunkt sollte Ihr Hund ja auch vorbildlich erzogen sein.

Nehmen Sie Ihren Hund nicht in laute Kneipen mit. Auch auf dem Rummelplatz fühlen sich die meisten Hunde nicht wohl. Sie und ich wissen aus eigener Erfahrung, das Lärm Schmerzen verursachen kann. Muten Sie das Ihrem Hund nicht zu.

Bei meinen *Beardies* ist die Ohrenpflege inzwischen zur Routine geworden. Aber wie immer im Leben, passieren gerade bei immer wiederkehrenden Tätigkeiten auch lustige Dinge.

Unser jüngster Sohn hatte von Anfang an sehr viel Interesse an der Hundepflege. Besonders die Zahn – und Ohrenpflege hatte es ihm angetan. Geduldig erklärte ich ihm, daß gerade den Ohren eine besondere Aufmerksamkeit zu widmen ist, da sich ansonsten Ohrenschmerzen und ganz kleine Tierchen (Milben) einstellen. Daraufhin verschwand er in seinem Zimmer. Nach einer Weile, es war unnatürlich ruhig im Kinderzimmer, sah ich nach ihm. Da saß er nun inmitten seiner Stofftiere.

„Papa, alle meine Tiere haben Haare in den Ohren ! Haben die jetzt auch Tierchen?" sprach er und hielt unsere große Haushaltsschere hoch. Ich konnte gerade noch vermeiden, daß es bei uns nur noch ohrenlose Stofftiere gibt.

P, wie Parasiten

Allein der Gedanken an Parasiten, ob innerlich (Ektoparasiten) oder äußerlich (Endoparasiten), läßt die meisten Menschen erschauern. Deshalb möchte ich dieser nicht zu unterschätzender Problematik angemessenen Raum widmen. Auch der gepflegteste Hund und auch schon der Welpe bleibt nicht von diesen Plagegeistern verschont.
Da ist als erstes der Floh genannt. Ein blutsaugender Minivampir, der sich gerne auf unserem vierbeinigen Liebling niederlässt.
Bei Hundebegegnungen, beim Aufstöbern eines Igels usw. kann so ein Floh mit einem gezielten Sprung seinen Wirt wechseln. Ein Flohstich erzeugt starken Juckreiz.Bei stärkerem Befall kann es nicht nur zu Ekzemen oder allergischen Hautreaktionen kommen, sondern auch zu Leberschäden und zur Blutvergiftung. Selbst einen Bandwurm kann so ein unerwünschter Besucher übertragen. Fällt Ihnen also auf, daß sich Ihr Hund häufig kratzt, dann könnte ein Floh daran Schuld sein. Suchen Sie das Tier gründlich ab. Besonders unter den Achseln, an den Innenseiten der Schenkel, an der Schwanzwurzel oder hinter den Ohren machen es sich diese Plagegeister gemütlich. Stellen Sie Ihren Hund auf eine helle Unterlage und kämmen Sie mit einem feinen Kamm durch die Haare. Meistens fällt als erstes der rötlichbraune Flohkot auf, der dann sichtbar auf der Unterlage liegt. Steht dann deutlich fest, daß es sich um Flöhe handelt, besorgen Sie sich entsprechende Mittel und rücken Sie den Plagegeistern energisch auf den Pelz. Auch die Liegestätten und die Bereiche, an denen sich Ihr Hund häufig aufhält, müssen entfloht werden. Sollte Ihr Hund Bett und Sofa mit Ihnen teilen, dann kommen Sie nicht drumherum, auch diese mit den entsprechenden Mitteln zu behandeln. Ihr Tierarzt kann für Ihr Tier auch vorbeugende Mittel empfehlen, die über Haut und Haare oder über das Fressen einen Parasitenbefall im breiten Rahmen verhindern.

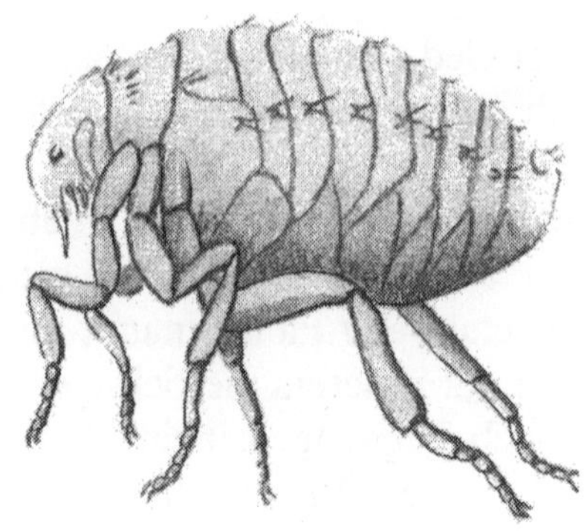

Hundefloh
(Vergrößert)

Als nächster, und weit verbreiteter Plagegeist, ist die Zecke (*gemeiner Holzbock*) zu nennen. Sie lauert in Sträuchern, und immergrünen Gehölzen.
Diese saugenden Insekten warten nur darauf, sich auf eine geeignete „Zapfstelle" fallen zu lassen. Dabei machen sie keinen Unterschied zwischen Tieren und Menschen. Sie sollten nach einem Spaziergang in den wärmern Jahreszeiten durch Feld, Wald und Flur Ihren Hund nach diesen unangenehmen Sauginsekten absuchen. Wenn sich die Zecke schon festgebissen hat, können Sie diese am besten mit einer Zeckenzange fassen und herausziehen. Aber auch mit Daumen und Zeigefinger und wohldosiertem Zug ist ihr der Garaus zu machen. **Tropfen Sie kein Öl oder Alkohol, wie häufig empfohlen wird, auf die Zecke.**
Damit vergrößert sich die Gefahr, daß die Zecke in ihrer Not den mit Krankheitserregern verseuchten Speichel an ihren Wirt abgibt. Sollte sich ein Zeckenbiß entzünden oder tritt bei Ihrem Hund, Müdigkeit und sogar Fieber auf, gehen Sie umgehend zu einem Tierarzt. Auch bei starken Zeckenbefall ist ein Tierarztbesuch anzuraten. Zecken können gefährliche Krankheiten übertragen wie die Borreliose (führt zu Lahmheit so wie zu Herz- und Nierenproblemen), oder beim Menschen die Hirnhautentzündung.

56

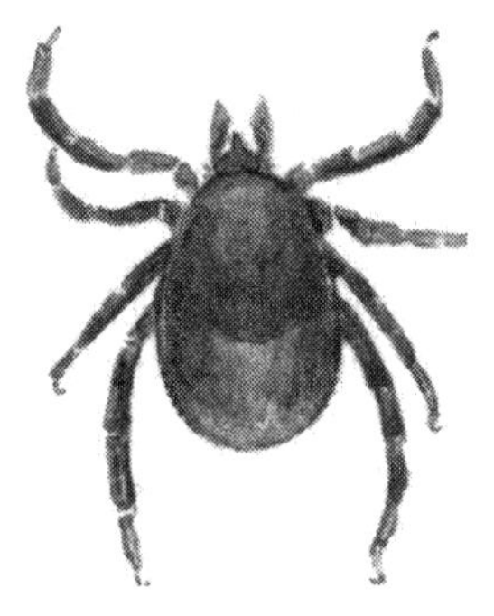

Zecke
(Vergrößert)

Milben gehören ebenfalls zu den häufig vorkommenden Parasiten. Besonders die Ohrmilbe ist bekannt und berüchtigt. Wenn Ihr Hund sich häufig am Ohr kratzt, oder den Kopf schüttelt, könnten diese lästigen Milben daran Schuld sein. Die Behandlung ist langwierig. Gehen Sie beim ersten Anzeichen zum Tierarzt.
Auch die Hautmilbe wird meistens bei einer Hundebegegnung übertragen. Juckreiz, Hautentzündungen, später auch Haarausfall sind die Folge. Bei jedem Verdacht auf Milbenbefall sollte der Tierarzt aufgesucht werden.

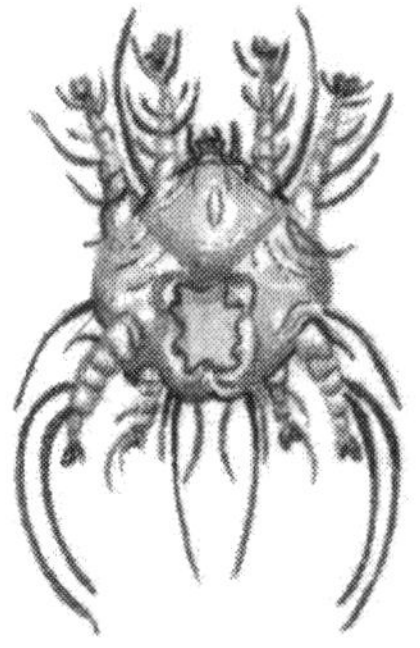

Ohrmilbe
(Vergrößert)

Saugläuse sind seltener und nur bei schlecht gepflegten Hunden anzutreffen. Mit einem Läusekamm ist es recht einfach diese Parasiten nachzuweisen. Die Eier der Läuse hängen in den Haare und sind somit schnell entdeckt. Im Zoohandel erhalten Sie geeignete

Präparate, um diese unangenehmen Gesellen zu vertreiben. Sollte der Befall sehr stark sein, ist auch hier ein Tierarztbesuch angezeigt.

Wie ich Anfangs schon andeutete, gibt es nicht nur äußerlich sichtbare Parasiten. Auch im Inneren eines Hundes machen sich gefährliche und unangenehme Gäste breit. Es gibt unterschiedliche Würmer, von denen ein Hund befallen sein kann. Besonders Saugwelpen können sich schon mit der Muttermilch infizieren. Hat ein Züchter nicht die notwendigen Wurmkuren beim Welpen durchgeführt, kann ein starker Wurmbefall sogar zum Tode der Welpen führen. Da die Würmer nicht nur unsere Hunde schädigen, sondern auch uns Menschen gefährlich werden können, ist eine regelmäßige Entwurmung notwendig. Vor allem, wenn „Krabbelkinder" zum Haushalt gehören, sollte die Entwurmung regelmäßig und in nicht zu großen Abständen erfolgen.
Um das Risiko einer Infektion mit Würmern zu vermeiden, empfehle ich Ihnen Gassiplätze zu meiden, die stark mit Hundekot verunreinigt sind. Auch ungepflegte Hundeklos sind eine gefährliche Infektionsquelle. Halten Sie Ihren Hund von allen Hinterlassenschaften anderer Hunde fern und vermeiden Sie auf jeden Fall, daß Ihr Tier Kot aufnimmt. Ebenso sollten Sie Fleisch und Fisch nicht roh füttern, denn dabei kann sich Ihr Hund mit einem Bandwurm infizieren. Da sich Würmer im Kot wiederfinden lassen, achten Sie regelmäßig bei Ihrem Tier darauf.

Auch ich bin mit meinen Hunden nicht ganz von diesen diversen „Untieren" verschont geblieben. Da ich regelmäßig Ausstellungen besuche, zählen meine Hunde sicher zu den überdurchschnittlich gepflegten Tieren. Doch gerade auf Ausstellungen ist die Ansteckung mit allerlei Kleintieren recht groß. So ist auch mir der Kampf mit dem Floh nicht unbekannt. Ebenso scheinen wir auch in einer sehr zeckenreichen Umgebung zu wohnen. Manchmal musste ich gleich ein Dutzend Zecken von *Fritz* und *Viola* entfernt.

Ich benutze inzwischen vorbeugende Mittel, um diesen Plagegeistern den Garaus zu machen.

Auch die Wurmproblematik ist sicher größer, als mancher Leser denkt. Ich habe nur ein einziges Mal, zwei Tage später als nach Herstellerangabe nötig, die Folgeentwurmung bei meinen ersten Welpen vergessen. Sofort enthielt der Welpenkot Spulwürmer. Da bei uns die ganze Familie mit den Welpen spielt hatte ich richtig Angst, daß sich vor allen Dingen die Kinder infiziert haben. Es ist zwar nichts aufgetreten, aber seitdem vergesse ich die Entwurmung bestimmt nicht mehr.

Q, wie Qual

Es ist schade, daß das Wort *Qual* so eng mit dem besten Freund des Menschen, dem Hund, in Verbindung steht. Hin und wieder erreichen uns durch das Fernsehen und die Presse, Berichte über dubiose „Züchter" und Händler, Massenzuchtanstalten, Qualzuchten und andere schändliche Tierquälereien. Besonders skandalös, grausame Bilder und Berichte erregen einige Tage die Öffentlichkeit, um dann aber wieder in Vergessenheit zu geraten. Da gibt es einen Hundemetzger in Süddeutschland, im Ruhrgebiet arbeitet ein Händlerring skrupellos mit Hundewelpen, da werden öffentlich in der Tagespresse, in der Rubrik „Tiermarkt" Welpenvermittler gesucht.

Aber so weit brauchen wir gar nicht aus der eigenen Umgebung abzuschweifen. Hundequal und Hundeleid gibt es in Ihrer direkten Umgebung. Da werden Hunde über viele Stunden allein gelassen, da werden mehrere Tiere in einer viel zu kleinen Wohnung gehalten, Hunde werden von Essensresten ernährt, Hunde müssen, anstatt „Gassi" zu gehen, den Balkon benutzen – es wird vernachlässigt, getreten, geschlagen, und wenn die schönsten Wochen des Jahres, die Urlaubszeit beginnt, einfach ausgesetzt.

Herzlos, skrupellos und unmenschlich gehen viele sogenannte Hundefreunde mit dem lebenden Geschöpf, dem Hund, um.

Die Freude über ein Hundebaby unter dem Weihnachtsbaum verblaßt sichtlich, wenn sich herausstellt, daß dieses Wesen Verantwortung, Freizeitverlust und Probleme mit sich bringt.

In unserer modernen, unpersönlichen und schnelllebigen Zeit herrscht der Geist des Spaßes. Alles muß Spaß machen: die Arbeit, die Partnerschaft, die Freundschaft und nicht zuletzt der Hund. Verantwortung und Probleme machen keinen Spaß. Bevor man sich abmüht diese zu beheben, werden sie abgeschüttelt wie lästige Fliegen. Da wird gewechselt, geschieden, getrennt und ausgesetzt. Klappt es mit dem Hund nicht, gibt es eben eine Katze, und wenn das auch nicht funktioniert, versucht man es wieder mit einem anderen

Tier. Schon unseren Kindern wird durch Videospiele und besonders „Cyber – Eiern" eingeprägt, daß alles schnell unmodern, veränderlich und eventuell mit der Reset – Taste wieder zu beleben ist. Zur Not gibt es auch noch einen Friedhof im Internet.

Arme, arme Welt – naturfeindlicher und herzloser geht es nun wirklich nicht mehr.

Sollten Sie einen Fall von Tierquälerei entdecken, bitte schauen Sie nicht weg. Verständigen Sie den Tierschutz oder Ihr zuständiges Veterinäramt. Melden Sie es der Polizei oder dem Tierheim, aber bitte tun Sie etwas !

Seien Sie beim Hundekauf skeptisch. Holen Sie sich Ratschläge bei Kennern der von Ihnen bevorzugten Rasse, oder wenden Sie sich an den I.R.V.. Nur durch die Unwissenheit des Hundeskäufers ist es möglich Qualzucht, Massenzucht und Hundehandel zu betreiben. Wenn die Nachfrage nach Billighunden und Qualzuchten versiegt, wird diesen skrupellosen Menschen das Handwerk gelegt. Aufklärung tut Not ! Helfen Sie mit das Elend zu beseitigen.

Auch ich habe, seitdem ich Hundefan geworden bin, eine Menge Elend gesehen. Auf meinen Reisen innerhalb Deutschlands und auch im benachbarten Ausland begegnete mir oft viel Hundeelend. Aber auf einen Fall, der sicher gehäuft auftritt, will ich hier einmal besonders hinweisen. Da bereits jede dritte Ehe in Deutschland geschieden wird, ist Partner Hund in vielen Fällen, Spielball der ehelichen Streitigkeiten.

Vor einiger Zeit erhielt ich einen Anruf, daß an der schönen Lahn eine *Bearded Collie* – Hündin solch ein Schicksal erleidet. Ein Ehepaar hatte sich getrennt und die Hündin war auf Grund der eintretenden Wohnungsprobleme, mitsamt ihrem Frauchen, bei deren Eltern untergebracht. Nun mußte „Frauchen" aber wieder vollzeitig arbeiten gehen. Der Hund war innerhalb dieser Familie nur noch ein lästiges Übel. Ich habe diese Hündin freigekauft. Eine Pfote war „versehendlich" völlig zertreten. Die Oberhaut war soweit abgerissen, dass sich Eitergänge in dem darunter liegenden Fleisch gebildet hatte. Es hat Wochen gedauert, um eine gesunde Haut aufzubauen. Hundeelend – Hundequal !!!

R, wie Rassehund

Es gibt Hunderte von Hunderassen, jedoch gibt es wohl kaum einen Züchter oder Spezialisten, der alle Rassen kennt und unterscheiden kann.

Seit der Domestizierung des Wolfes wurden die daraus entstandenen Haushunde, ganz nach ihren Fähigkeiten, in die menschliche Lebensweise eingegliedert. Hunde mit hohem Wach- und Schutztrieb schützten die menschlichen Siedlungen. Andere wiederum wurden zur Jagd, zum Vieh hüten und treiben oder als Zugtiere gebraucht. Auf diese Art schloß sich der Hund immer mehr den Menschen an. Der Mensch wurde für ihn zum Ersatzrudel. So wurde schon in der Vorzeit eine gewisse Art von „Rassezucht" betrieben, um bestimmte Eigenschaften beim Nachwuchs zu erhalten.

Die Rassehundezucht, wie wir sie heute kennen, begann aber erst Ende des 19. Jahrhunderts. Es wurden im Laufe der Jahre immer mehr Hunde rassegemäß erfaßt und ein Rassestandard festgelegt. Der Vorteil ist klar zu erkennen. Beim Rassehund kennt man die typischen Merkmale ebenso wie die Anatomie und das Wesen. Damit wird deutlich, dass auch die Welpen diese typischen, rassespezifischen Merkmale besitzen.

Beim ersten Blick sieht die Rassehundezucht durchaus positiv aus. Allerdings wurden und werden durch übertriebene Herauskehrung der typischen Merkmale einiger Rassen schwere gesundheitliche Probleme angezüchtet. Hüftgelenksdysplasie kurz HD genannt, hervortretende Augäpfel, Atembeschwerden, Gebissanomalien, offene Fontanelle, Haarlosigkeit, Krüppelrute u.v.a. werden unserem Partner Hund, nur damit er unserem Ideal entspricht, zugemutet.

Bei vielen Rassen wird ein ausdruckstarkes Körperteil, die Rute kupiert. Alles nur um einem zweifelhaftem Rassestandard zu entsprechen. Solche Hunde sind bedauernswerte Wesen. Freude, Angst, Vorsicht und Drohung wird über die Rute mitgeteilt.

Solche Hunde können nicht einmal den Schwanz einziehen, wenn ihnen danach zu Mute ist !

Züchter, Zuchtrichter, Vereine und Verbände sind aufgefordert, diesem „züchterischen Treiben" Einhalt zu gebieten. Vereine wie z.B. der I.R.V. (*Internationale Rassehunde Verband e.V.*) sind auf diesem Weg. Hier werden keine kupierten Hunde bei Ausstellungen zugelassen.

Auch ist mir aufgefallen, daß z.B. beim Deutschen Schäferhund (*stark HD geschädigt*) innerhalb der I.R.V. – Ausstellungen dem geraden Rücken, gegenüber der ungesunden Schräglage, der Vorzug gegeben wird. Ebenso wird auch wieder häufiger die Meßlatte benutzt, um ein „noch kleiner", oder „noch größer" der einzelnen Rassen frühstmöglich vorzubeugen. Die Adresse des I.R.V. finden Sie im Adressenverzeichnis dieses Buches.

Bei der von mir bevorzugten Rasse, dem *Bearded Collie* sind zur Zeit noch keine durch Überzüchtung auftretende Krankheiten in größerem Umfang bekannt. Da der *Bearded Collie* noch nicht lange von der Schönheitszucht erfaßt worden ist, kann man diese Rasse noch als relativ gesund bezeichnen. Allerdings wird verschiedentlich auf Ausstellungen dem überlangen, seidigem Haarkleid der Vorzug gegeben. Das ist eigentlich sehr bedauerlich, da der *Bearded Collie* ein zottelhaariger Hütehund ist, der ursprünglich ein harsches Haarkleid hatte.

Dieses „Ziegenhaar" sollte vor allem vor äußeren Einflüssen schützen und ist wesendlich pflegeleichter. Doch auch hier sind wieder die Züchter und Zuchtrichter gefordert, damit dieser edle, zottelige Hütehund nicht zu einem frisierten Hundemodel verkommt. Leider wurde dieser Hund inzwischen von den Medien für Werbezwecke entdeckt. Seine Beliebtheit steigt damit stetig. Damit ist die Gefahr gegeben, daß er im großen Stil vermarktet wird.

<u>**S, wie Spielen**</u>

Ist es nicht herrlich einer Hundemeute beim Spielen zuzuschauen ?
Auf der Hundewiese und in freier Natur treffen sich viele
Hundefreunde mit ihren vierbeinigen Partnern, um diesen ein
ausgelassenes Spiel zu ermöglichen. Da wird „Fang mich doch" ,
„Wettlauf" und „Raufen" gespielt. Dabei lernen auch die ganz
„Kleinen" so ganz nebenbei artgerechtes Verhalten sowie Angriffs-,
Verteidigungs- und Demutshaltung. Ihr Hund spielt für sein Leben
gern.
Schon in der Welpenstube hat er mit seinen Geschwistern gespielt
und ausgelassen getobt. Ebenso hat sich Mutter Hund und, falls
anwesend, auch der Vater Rüde an diesen wichtigen „Spielübungen"
beteiligt.

Hundemeute bei ihrer Lieblingsbeschäftigung - Spielen.

Für uns Menschen ist diese Spielwiese der ideale Platz um andere
Hundehalter kennen zu lernen und Erfahrungen auszutauschen.
Hundehalter sind nicht einsam.

Durch den Hund lernt man viele verschiedene Menschen und Hunde kennen. Deshalb ist ein geeigneter Hund auch für Alleinstehende und ältere Menschen ein idealer Partner, der vor Vereinsamung und den damit einhergehenden Erkrankungen schützt.
Auch das Spiel mit Ihnen schätzt Ihr Liebling sehr. Stöckchen werfen, Ballspiel und viele andere Spiele fördern das gute Miteinander zwischen Mensch und Hund. Beim Spiel sind keine Grenzen gesetzt. Nur eines ist zu bedenken: Beim Kräftemessen müssen Sie immer der Gewinner sein, da Ihr Hund ansonsten Ansprüche auf den „Chef – Platz" erheben könnte.

*Spezielles Spielzeug, bekommt man in
jedem Tier – und Zooladen.*

Stöckchen holen gehört zu den beliebtesten und bekanntesten Hunde-Spielen.

Besonders geeignet ist auch die Spiel– und Sportart *Agility*.
Agility erinnert entfernt an den Reitsport. Ein Parcour aus Hindernissen (Schrägwand, Wippe, Mauer, Slalom und Reifen) fördern bei Ihrem Hund die Geschicklichkeit, Schnelligkeit und das Vertrauen zu Ihnen.
Sie begleiten und führen Ihren Hund bei diesem Hindernislauf über alle Hürden. Diese Gemeinsamkeit hat nicht nur erzieherischen Wert, sondern fördert ebenso die Fitneß des Hundes, wie die des Halters.
Bevor Sie aber diese Spiel– und Sportart betreiben können, ist zumeist eine Begleithundeprüfung erforderlich. Diese ist sehr empfehlenswert, da sie nicht nur dem Gehorsam dient, sondern ganz konkret die Führungstauglichkeit im Straßenverkehr praxisnah vermittelt.

Wie Sie bereits gelesen haben, war die Hundeschule für *Fritz* und mich der Beginn einer tiefen Zuneigung. *Fritz* hat dort den Begleithundeausweis, wie auch das Leistungsabzeichen in Bronze bekommen. Auch *Agility* haben wir probiert. Es brauchte zuerst viel Geduld und Ausdauer, bis Fritz genau verstand, wie er all die Hürden zu nehmen hatte. Ganz große Probleme hatte er an der Schrägwand. Zur allgemeiner Freude bin ich dann hinauf geklettert und habe ihn

66

herüber gelockt. Wie Sie sehen, kommt auch die Fitneß des Hundehalters nicht zu kurz. *Fritz* und ich haben seit dieser Ausbildung und Spiel– und Sportzeit einen besonderen „Draht" zueinander. Fritz braucht mich und ich brauche *Fritz* – eine glückliche Partnerschaft, ein Hundelebenlang.

T, wie Tierheimhund

Waren Sie schon einmal in einem Tierheim? Wenn ja, sind Sie sicher wie ich der Meinung, daß es ein großes Glück ist, daß es diesen Platz für die vielen ausgesetzten, ausgestoßenen und unüberlegt angeschafften Mitgeschöpfen gibt. Trotzdem zeigt ein Blick in die Käfige und in die Augen der „Heiminsassen", daß sie sich niemals freiwillig von ihrem Frauchen oder Herrchen getrennt hätten.
Es gibt viele unterschiedlichen Hunde im Tierheim. Mischrassen in jeder Erscheinung, besonders Schäferhunde und alles, was ihnen ähnlich ist, und ab und zu auch andere Rassehunde.

Viele Heimhunde werden abgegeben, weil der Vorbesitzer nicht mit ihrem Wesen oder Eigenarten zurecht kam.

Am schwersten haben es die älteren und alten Tiere. Wenn Sie sich für einen Tierheimhund entscheiden, beachten Sie auch die „Alten". Auch diese Tiere können Ihnen noch viel Freude bereiten. Mit viel Liebe und Geduld angenommen, sind es vor allem alte Tiere, die ein ruhiges, sicheres Zuhause besonders schätzen.
Sagen Sie dem Tierheimpersonal, was Sie für einen Hund suchen. Lassen Sie sich beraten. Gehen Sie mit dem ausgesuchten Tier spazieren und beobachten Sie seine Reaktionen. Bedenken Sie, bevor

Sie sich entscheiden, daß es für den Hund furchtbar sein wird, wenn Sie ihn nach kurzer Zeit wieder abgeben.

Zeigen Sie Verantwortung dem Geschöpf Hund gegenüber. Sollte es Probleme geben, scheuen Sie nicht eine Hundeschule zu besuchen oder im Tierheim immer wieder nachzufragen.

Gerade Tierheimhunde werden oft abgegeben, weil der Vorbesitzer mit ihren Eigenarten oder ihrem Wesen nicht zurecht gekommen ist. Seien Sie sich dessen bewußt und schöpfen Sie alle Möglichkeiten der nachträglichen Erziehung voll aus. Ihr Partner Hund wird es Ihnen danken.

Genau wie ich es im vorigen Absatz geschildert habe, dankt mir mein *Fritz* heute, daß ich nicht aufgegeben habe.

Meine Familie und ich waren zuerst völlig entsetzt, daß Fritz ein solch schwieriger Hund war. Aber gerade das Beispiel Fritz, der heute mehrfacher Champion ist, sollte Ihnen Mut machen, bei allen Bemühungen nicht aufzugeben. Sie werden dann mit Ihrem Hund durch eine ganz besondere Beziehung verbunden sein, die mit nichts zu vergleichen ist.

„Das Schönste im ganzen Jahr, das sind die Ferien...."
Häufig aber fangen dann die Betreuungsprobleme mit Partner Hund für viele Besitzer erst richtig an.
Wohin mit Ihrem Liebling in der Urlaubszeit? Das beste natürlich ist, wenn Sie Ihren Hund mitnehmen. Hunde verreisen mit Ihrem gewohnten Menschenrudel ausgesprochen gerne. Im Innland gibt es dabei auch kaum Probleme. Daß Sie den Impfausweis, das gewohnte Futter, Schlafkorb oder Decke sowie auch das Lieblingsspielzeug Ihres Hundes mitnehmen sollten, ist selbstverständlich. Ins Gepäck gehören auch noch die Pflegeutensilien, Desinfektionsmittel für kleinere Verletzungen, Mullbinde, eventuell verordnete Medikamente, Kotentsorgungsbeutel und ein Fieberthermometer.
Ihr Hund sollte bei Antritt der Reise gesund sein und alle notwendigen Impfungen erhalten haben.
Wenn Sie mit dem Auto in den Urlaub fahren, legen Sie alle zwei Stunden eine Rast ein. Ihr Hund kann dann etwas trinken und gegebenenfalls „Gassi" geführt werden. Leidet Ihr Hund beim Autofahren unter Übelkeit und Erbrechen, können Sie ihm vor Reiseantritt, ein vom Tierarzt verordnetes Medikament gegen Reisekrankheiten geben. Um eventuell, auftretenden Magenproblemen vorzubeugen, sollten Sie vor und während der Fahrt Ihren Liebling nichts zu fressen geben.
Ganz wichtig ist es auch, daß Sie bereits bei der Urlaubsplanung in Ihrem Hotel, Pension oder Campingplatz erfragen, ob das Mitbringen von Hunden überhaupt gestattet ist. Sollte das nicht der Fall sein, können Sie über die Kurverwaltung oder das Fremdenverkehrsamt Ihres Urlaubsortes nach einer geeigneten Unterkunft fragen. Gegebenenfalls müssen Sie auch wissen, ob Ihr Hund mit an den Strand darf oder ob ein extra Hundestrand vorhanden ist.
Ebenso sollten Sie wissen, ob Ihr Liebling im Hotelrestaurant oder Frühstücksraum ein gerne gesehener Gast ist. Vor Ort ist es dann wichtig, die Adresse des nächsten Tierarztes zu erfragen.

Wenn Sie Ihre Unterkunft erreicht haben, lassen Sie Ihren Hund die örtlichen Gegebenheiten erschnuppern. Nun bekommt er auch etwas zu fressen. Ein gemeinsamer Urlaub mit Partner Hund ist ein wunderbares Erlebnis. Die vielen Spaziergänge und Herumtobereien tun Ihnen und Ihrem Hund wohl und fördern die tiefe Verbundenheit. Sollten Sie sich für eine Reise in das umliegende Ausland entscheiden, müssen Sie sich nach den Einreisebedingungen für Hunde erkundigen. Ihr Tierarzt, Ihr Reisebüro oder auch ein Automobilclub kann Ihnen die notwendigen Bestimmungen nennen.

Sollten Sie an eine Bahn-, Flug- oder Schiffsreise denken, wird es schon schwieriger. Bei längeren Bahnfahrten sind die Aufenthalte auf Bahnhöfen meist zu kurz, um Ihrem Hund die Möglichkeit zum Lösen zu geben. Auf Schiffen sind Hunde meistens nicht gestattet. Im Flugzeug können Sie Ihren Hunde mit einem Körpergewicht bis zu 5 kg im Handgepäck mitführen. Für große Hunde gibt es eine Jet – Box, die während des Fluges im Transportraum untergebracht ist. Allerdings ist eine Unterbringung in einer solchen Box für Ihren Hund großer Streß.
Ungewohnte Geräusche und Gerüche, die Enge der Box und eventuelle Turbolenzen während des Fluges – wollen Sie das Ihrem Hund wirklich zumuten ?
Meine persönliche Meinung zu Urlaubsreisen mit Hund – fahren Sie mit dem Auto, Wohnmobil oder Campingwagen.
Sollten Sie Ihren Hund aus persönlichen Gründen nicht mit in den Urlaub nehmen können, stehen Ihnen einige Betreuungsmöglichkeiten offen. Fragen Sie tierlieben Freunde oder Nachbarn. Auch Oma und Opa betreuen sicher Ihren wohlerzogenen Hund recht gern. Sollten Sie keine Möglichkeit innerhalb der Familie oder dem Bekanntenkreis haben, bieten vielleicht geeignete Hundepensionen oder Hundehotels ein Urlaubsquartier an. Ebenso gibt es im Tierheim Urlaubsplätze. Sie können auch über den Tierschutz einen geeigneten Hundesitter erhalten. Eine gute Möglichkeit ist es auch, mit befreundeten Hundehaltern auf Gegenseitigkeit, Betreuungsplätze zu schaffen. Es gibt wirklich keinen Grund auf dieser Welt, der einen Hunde-

halter berechtigt sein Tier auszusetzen. Mit etwas Phantasie und Organisationstalent, sollten auch Sie eine geeignete Möglichkeit finden.

Wo sind denn meine Schwimmflügel !?

Für meine Familie und mich ist ein Urlaub ohne Partner Hund unvorstellbar. Wir nehmen unsere Vierbeiner immer mit. Bevorzugt fahren wir mit dem Wohnmobil. Dabei kann das ganze „Familienrudel" bei der Fahrt zusammen sein.
Da ein Wohnmobil recht geräumig ist, haben die Hunde genug Platz, um sich so richtig auszustrecken. Für die Kinder ist in der Sitzecke die Möglichkeit zum Spielen gegeben. Meine Frau Christiane hat, vom Beifahrersitz aus, alles gut unter Kontrolle. Für mich ist die Fahrt, auch wenn sie mehrere Stunden dauert, nicht so stressig, da mein „Rudel" sich wohl fühlt.
Was wir auch für sehr „hundefreundlich" halten, ist ein Urlaub in einem Urlaubspark. Dort gib es Bungalow–Anlagen, die extra für Tierhalter bestimmt sind. Meist ist in unmittelbarer Umgebung eine „Hundetoilette" angelegt, die gut und gepflegt ist. In solchen Parks

72

ist es allerdings Pflicht, daß der Hund ein Flohhalsband trägt. Wir benutzen solch ein Halsband höchst ungern. Um unsere Hunde und auch die Kinder vor diesen „Duftstoffen" zu schützen, nehmen wir es innerhalb des Bungalows grundsätzlich ab. Leider ist es häufig so, daß in diesen Ferienparks nur ein Hund oder eine Katze pro Bungalows erlaubt ist.
Deshalb ist für uns oder andere Zweithundbesitzer ein Wohnmobil die geeignetere Lösung.

„ Seehund in Aktion"

Unsere letzte Urlaubsfahrt führte uns nach Österreich an den schönen Traunsee. Im Mai findet dort immer die Österreich – Champion Hundeausstellung des IRV statt. Ein Grund mehr, speziell für meine Hunde und mich, einen Urlaub in dieser herrlichen Region Österreichs einzuplanen. Allerdings hatten wir ein, für mich als Züchter, großes Problem. Unsere *Viola* sollte genau in dieser Zeit von *Fritz* gedeckt werden. Wie das Leben so spielt, war *Viola* prompt in den Ausstellungstagen deckbereit. Da beide Hunde am liebsten in einer stillen Umgebung ohne Zuschauer zueinander finden, bot sich nur das Wohnmobil an. Der Tisch wurde an die Seite geklappt, die Gardinen zugezogen. Meinen Kinder gab ich den Hinweis: „Mama und Papa müssen decken, kommt bitte erst wieder herein, wenn die Gardinen aufgezogen sind".

Nach vollzogenem Deckakt zogen wir dann die Gardinen auf und ließen die Hunde nach draußen. Dabei viel mir auf, daß unser Campingplatznachbar uns so merkwürdig anschaute. Warum konnten wir dann am Abend auf der Seeterrasse erfahren. Unsere Kinder hatten genau diesem Nachbar erzählt, daß Mama und Papa decken, und sie erst wieder herein dürfen, wenn die Gardinen aufgezogen sind. Allerdings wußte der Mann nichts von unseren Zuchttieren. Ich habe dann die Sache schnell aufgeklärt. So haben wir in diesem Urlaub zur allgemeinen Freude auf dem Campingplatz beigetragen.

„Urlaub in Österreich"
Hier promeniere ich und mein Frauchen.
Urlaub ist sooo schön !!!

<u>**V, wie Vereine, diverse**</u>

Es gibt wirklich viele, viele Hundevereine und Hundeclubs. Nicht immer ist das, was nach außen groß und mächtig erscheint, auch wirklich das Richtige. Einem guten Hundeverein oder Hundeverband anzugehören heißt, gute und korrekte Richtlinien und Statuten zu haben, strenge Kontrolle über die Zucht und Aufzucht für den Züchter, Beratung und Ansprache für Züchter und Hundehalter sowie eine frohe Gemeinsamkeit auf Ausstellungen und Veranstaltungen.
In einem Hundeverein soll man sich wohl und angenommen fühlen.
Das gilt nicht nur für den Menschen, sondern ganz besonders für Partner Hund.
Wie Sie schon im vorigen Abschnitt gelesen haben, bin ich Mitglied im IRV, dem *Internationalen Rassehundeverband,* in Löhne.
Ich habe mich nach langem Suchen für diesen Verein entschieden. Hier habe ich Ansprache und kompetente Betreuung. Es wird innerhalb dieses Vereins alles getan, um dubiosen Züchtern, Händlern und Qualzüchtern das Handwerk zu legen.
Wie ich schon angemerkt habe, sind auch kupierte Hunde, seit dem Kupierverbot, von den Ausstellungen des IRV ausgeschlossen. Der IRV läßt, illegal oder im Ausland kupierte Hunde, nicht mehr bei Ausstellungen zu.
Das ist ein wichtiger Teil in Sachen Tierschutz.
Ebenso hat dieser Verein anerkannte Zuchtrichter und Zuchtwarte, die ganz besonders bestrebt sind, nicht nur allein der Schönheitszucht dem Vorzug zu geben.
Wesensfestigkeit, Charakterstärke und rassetypische Eigenschaften stehen ganz oben auf der Bewertungsliste des IRV.
Das Bestreben, meiner Hundezucht im Einklang mit dem Gebot des Schutzes und der Pflege der göttlichen Schöpfung zu bringen, hat mich zu diesem Verein geführt. Bisher habe ich nur die besten Erfahrungen mit dieser Wahl gemacht. Sicherlich gibt es auch in meinem Verein „schwarze Schafe".

Allerdings, und das ist wichtig, wird von Seiten des Vereins alles erdenklich Mögliche getan, um diese zur Strecke zu bringen und umgehend aus dem Verein auszuschließen.

<u>**W, wie Winter**</u>

ABC, die Katze lief im Schnee... Auch Ihr Hund findet die weiße Pracht zum Anbeißen.
Aber Vorsicht ! Achten Sie im Winter darauf, daß Ihr Liebling nicht zu sehr auf den Geschmack kommt. Mandelentzündung, Erkältung, blutiges Erbrechen oder Durchfall sind häufig die Folge von einer ausgiebigen Schneemahlzeit.
Trotzdem – gönnen Sie Ihrem Hund das ausgiebige Vergnügen, im Schnee zu spielen und zu toben.
Der erste Schnee ist besonders für einen Welpen oder Junghund eine ganz neue Erfahrung. Da wird gebuddelt, gesprungen und gebadet. Eine Ausgelassenheit, die Sie bei Ihrem Hund in dieser Form nur im Schnee erleben können.
Achten Sie dabei auf die Pfoten. Schnee, der sich zwischen den Ballen festsetzt, wird ganz schnell zu Eis. Dieses führt zu starken Verbrennungen bzw. zu Erfrierungen. Sie merken ohnehin, wenn Ihr Hund humpelt, daß Sie schnellstens das Eis zwischen den Ballen entfernen müssen.

Toben im Schnee,
das ist eine schöne Sache.

Auch Streumaterial, wie Salz, Granulat oder Asche sind für Ihren Liebling eine echte Plage.

Streumaterial setzt sich zwischen den Zehen ab oder führt zu kleinen Einschnitten an den Fußballen. Diese kleinen Einschnitte versorgt Ihr Hund zwar selbst mit der Zunge, aber sie sind ihm doch sehr unangenehm.

Bevor Sie in die weiße Pracht hinaus stürmen, reiben Sie die Pfoten Ihres Hundes mit Vaseline ein. Das schützt die empfindlichen Ballen. Es gib auch Winterschuhe aus Kunststoff oder Leder für Hunde. Sicherlich ist das nicht jedermanns Geschmack, aber es schützt doch ungemein.

Ist der Spaziergang beendet, werden die Pfoten Ihres Hundes mit lauwarmen Wasser gereinigt und abgespült. Dabei löst sich auch das restliche Streumaterial oder Eis. Reiben Sie Ihren Hund trocken und entfernen Sie auch das Eis aus dem Fell. Jetzt noch ein warmes Plätzchen und ein Leckerchen, dann wird sich Ihr Hund rundherum wohl fühlen.

Die Winterzeit ist für meine Familie, meine Hunde und mich eine ganz besondere Zeit. Da wir am Tor zum Sauerland leben, haben wir das Glück, einiges von der weißen Pracht, fast in jedem Winter, zu erleben. Besonders haben uns die gemeinsamen Schneewanderungen erfreut. *Fritz* und *Viola* sind ganz verrückt nach dieser weichen, weißen Herrlichkeit. Nur im Schnee erreichen Sie eine so große Ausgelassenheit. Ebenso ist Schlittenfahren mit Hund ein Vergnügen, das man erlebt und gesehen haben muß. Die Kinder fahren, dicht gefolgt von meinen *Beardies*, den Berg hinab.

Unten angekommen gibt es dann eine ausgiebige Schneetoberei. Dann geht es zurück. Als erstes sind natürlich *Fritz* und *Viola* zurück. Die Hunde können aber nicht abwarten und rennen den Kindern wieder freudig entgegen.

Zum Schluß beteiligen sich auch meine Frau Christiane und ich am ausgelassenen Spiel. Da kann man einfach nicht wiederstehen.

Zu Hause angekommen, werden die Hunde getrocknet und gesäubert. Ein Schweineohr oder einen Büffelhautknochen für Fritz

und Viola, ein heißer Kakao für die Kinder und ein Glühwein für
meine Frau und mich – ein schöner Wintertag klingt warm und
gemütlich aus.

<u>**XY – ungelöst**</u>

Damit Ihr Hund nicht in die ungelösten Fälle der vermißten Haustiere eingeht, beachten Sie bitte nachfolgende Ratschläge.

Achten Sie darauf, dass Ihr Hund tätowiert, oder noch besser gechipt ist!
An dieser Nummer ist es möglich, falls Ihr Liebling verschwunden oder entlaufen ist, Sie als rechtmäßigen Besitzer ausfindig zu machen.
Tierversuchsanstalten und Labore kaufen keine tätowierten oder gechipten Tiere an.

Melden Sie Ihren Hund in einem Haustierzentralregister an!
Adressen finden Sie am Ende dieses Buches.

Lassen Sie Ihren Hund, wenn möglich, niemals alleine im Auto zurück!
Autoknacker brauchen nur Sekunden, um jeden PKW zu öffnen.

Befestigen Sie Ihren Hund niemals vor Kaufhäusern und Geschäften!
Ihr Hund findet so etwas beängstigend.
Die Gefahr, daß er gestohlen wird, ist dabei enorm groß.

<u>Schützen Sie Ihr Tier vor Diebstahl !</u>

<u>**Z, wie Zähne**</u>

Kaum ein Hund bleibt ein Leben lang von Zahnproblemen verschont.
Im Grunde geht es unserem Mitgeschöpf Hund nicht anders, als uns
Menschen.
Karies, Zahnfleischschwund (Paradentose) und Zahnstein sind die
Hauptprobleme, gegen die von Welpenalter an vorgebeugt werden
muß.
Schon mit 6 Monaten sollten bei einem Junghund die endgültigen
Zähne in Erscheinung treten. Stehen Milchzähne und der Zahnnach-
wuchs zweireihig oder treten beim Zahnwechsel Unregelmäßigkeiten
auf, gehen Sie bitte zum Tierarzt.
Gesunde Ernährung und regelmäßige Gebisskontrolle sind wichtige
Faktoren in der Zahnpflege. Geben Sie Ihrem Hund keine
Süßigkeiten. Diese führen, genau wie bei uns Menschen, zu Karies.
Zahnpflegekauknochen oder diverser Zahnpflegekauspaß schützt vor
Zahnstein und Paradentose. In jedem guten Zoofachgeschäft können
Sie diese Artikel erwerben.
Besonders an den hintern Backenzähnen setzt sich Zahnstein ab.
Diesen können Sie mit einem Zahnsteinschaber vorsichtig entfernen.
Sollten Sie damit Probleme haben, kann auch Ihr Tierarzt den
Zahnstein mit Laserstrahl entfernen. Dafür ist dann aber eine
Narkose notwendig. Es gibt auch Hundezahncreme, die laut
Hersteller Ihrem Hund schmecken sollte.
Allerdings ist so etwas nicht jedermanns bzw. jederhunds Sache.

Bei *Fritz* und *Viola* ist es bisher zu keinen Zahnproblemen
gekommen. Auch bei den Welpen hat der Zahnwechsel problemlos
funktioniert.
Da ich, wie Sie schon gelesen haben, eine besonders hochwertige,
gesunde Vollwertnahrung an meine Tiere füttere, habe sie auch mit
Zahnstein kaum Probleme.

Zwar hat sich an den hinteren Backenzähnen bei *Fritz* hin und wieder etwas Zahnstein gebildet, doch entferne ich diesen mit einem Zahnsteinschaber.

<u>**Auf ein letztes Wort**</u>

Nun sind wir am Ende dieses Buches angekommen.

Sie wissen jetzt, was es heißt, einen Hund in Ihr Leben aufzunehmen.
Verantwortung, Liebe, Konsequenz und nicht zuletzt viel Zeit – das
ist es, was Ihr Freund, der Hund von Ihnen erwartet und
lebensnotwendig braucht.
Ein Hund ist nur das, was wir Menschen, also auch Sie und ich, aus
ihm machen. Es ist ein lebendiges, beseeltes Mitgeschöpf.
Wir nennen uns Homo sapiens, der weise Mensch.
Wir haben den Geist der Erkenntnis von Gut und Böse.
Ihr Hund kennt weder Gut noch Böse.
Er handelt nach seinem Instinkt oder so, wie Sie es ihn gelehrt haben.
Würde sich doch jeder Tierbesitzer in die Pflicht nehmen !
Wie viel Elend könnte vermieden werden, wenn wir mit der
gebührenden Erfurcht mit dieser herrlichen Schöpfung umzugehen
wüssten !
Ich wünsche Ihnen und Ihrem „tierischem" Partner viele segens-
reiche Jahre und innige Zuneigung, die mich mit Fritz, meinem
Freund auf vier Pfoten, für immer verbindet.

Adressenverzeichnis

Verband:

Internationaler Rassehunde – Verband e.V. (IRV)
Brunnenstr. 98
32584 Löhne
Tel.: 05732 – 891968

Zentralregister:

Tasso – Haustierzentralregister
f.d. Bundesrepublik Deutschland e.V.
Frankfurter Str. 20
65795 Hattersheim
Tel.: 06190 – 4088

Tierschutz:

Deutscher Tierschutzbund
Baumschulenallee 15
53115 Bonn
Tel.: 0228 – 604960

Inhaltsverzeichnis